JN103523

お坊さんが教える

不安のトリセツ

三浦性曉
Miura Syokyo

X-Knowledge

はじめに

いつも頭の片隅にこびりついた悩みがある。

ふと気づくと、得体のしれない不安に襲われている。

特に悩みはないけれど、なんだか息苦しい気がする。

「このままでいいのかな」と、つい考えてしまう。


今、こんな気持ちを抱えている人が増えている…と私は感じています。

私は7年前から、東京の「寺カフェ代官山」で、一般の方々とお話をする機会をいただいています。

「お坊さんと語ろう」と題して、数名の僧侶が日替わりで担当し、予約をされた相談者さんとお話をするというもの。

おしゃれな洋服屋や雑貨屋、カフェが立ち並ぶ代官山という場所柄、女性や比較的若い世代の方も訪れます。

私は50年ほど、葬儀や法要といった、いわゆる「お坊さんの仕事」をしています。その際、出会う人々からお悩みや相談を打ち明けられるということはよくありました。しかし、ほとんどがお寺や仏教に馴染のある中高年以上の方々ばかり。その内容も、お墓や法要に関する質問や、家族や親戚のもめごとなどが多かったのです。

そのせいか、寺カフェで出会う相談者からの相談は、私にとっては新鮮で、目が開かれる思いがしました。

悩みや不安は、時代を映す鏡かもしれません。何千年経っても変わらない、人間の悩みや苦しみというものはあります。しかし、それだけでなく、お釈迦様の時代にはない、現代人ならではの悩み、苦しみもある——私は、相談者の声を聞くことで、それを実感しました。

皆さんのお悩みは、恋愛や家族、職場などの人間関係が圧倒的に多く、将来の不安、お金の問題など。どの悩みにも、過酷な現代社会を生きる人間の切実な思いが感じられます。どんなにつらくても、厳しくても、どうにか生きていかなくては…という、強い気持ちに心が打たれたことは何度もあります。

そんな相談者さんに対して、私ができることといえば、ひたすら「聞く」こと。家族や友人にも言えなかった思いを、すべて吐き出してもらって楽になっていただきたいのです。

自分が何に苦しんでいるのか。何に対して怖れているのか。その背景と状況を説明してもらったあとは、一緒に相談者さんの心の中に降りていきます。

真っ暗で、だれもいない心の中をたどっていく相談者さんに私は黙ってついていきます。

悩みや不安というのは不思議なもので、自分が思いもよらないところにその根っこがあることもあります。また、まったく関係ないと思われた出来事に、自分が深く傷ついていることもある。心の中を彷徨うちに、そんな気づきや発見があるのです。

最近では、具体的に何に悩んでいるというわけではないが、なんとなく心が晴れない、常に不安がある。そんな相談者さんも増えています。

悩みの場合は、具体的な問題やトラブルがあり、それを解決できないという苦しみがあります。しかし、不安には、具体的な問題やトラブルはありません。だからこそ、厄介なのです。

まだ何も起こっていないのに、自分が勝手に呼び寄せるネガティブな感情――それが不安です。

問題やトラブルの場合は、それにまつわる情報を集めたり、専門家のアドバイスを受けたりすることで、解決することは可能です。

しかし、事実とは関係なく、自分の心がつくり上げた不安には、解決策がありません。

不安を感じている本人にとっては重大事です。

不安のおかげで、いつもイライラしたり、落ち込んだりしてしまう。

物事に集中できずミスが増えたり、コミュニケーションがいいかげんになってしまう。

人間関係のトラブルが増えたりする…。実生活にも悪影響が及ぶ場合があります。

自分の心がつくりだしたものなのに、心の中に納まらずに、現実をも変えてしまう。そうなると、そのままにしておくわけにはいきません。

私は、何かに不安を感じて相談にくる人には、まずは不安を自分から切り離すことを提案しています。自分と不安とは別物。客観的に見つめてみるのです。

さらには、その不安をちょっともみほぐして、分解してみます。

というのも、本人の思い込みによって、いくつかの物事がこんがらがって、大きな不安をつくっていることが少なくないからです。

そして、さらに一つひとつを見つめ、なぜ自分は不安に感じるのかを、自分に問いかけてみるのです。

そこからは先は、個別具体的な取り扱いが必要です。

生活にまつわる不安、人間関係に関する不安、将来についての不安、そして自分自身に対する不安――。

それらに対してどんな取り扱いをするべきなのか。本書では、質問に応える形で紹介していきます。具体的な解決策がある場合もありますし、ものの見方・捉え方を変える提案をしている場合もあります。

僧侶である私ができるのは、仏教という実践的な教えから、不安の取り扱いのヒントをお伝えすること。

二千五百年前から伝わる智慧を活かして、あなたの心を脅かす不安の正体を知り、それから自由になる方法を一緒に考えていきましょう。

お坊さんが教える 不安のトリセツ　目次

はじめに……2

序章

世界が突然変わる時……16
仏教というツールを活用する……21

第1章

生活についての不安

30歳過ぎても正社員になれない……26
母の介護で経済的に苦しい……31
コロナ禍での生活が不安……36
ブラック企業への不安……42
ストレスを酒で紛らわしてしまう……47
節約下手で貯金ができない……52
貯蓄はあるのに老後が不安……56

第2章

人間関係にまつわる不安

人づきあいが苦手……62
親友の彼が信用できない……67
社内不倫がバレた……72
モラハラ夫と離婚すべきか……77
上司との相性が悪い……82
母親の支配欲が強い……87
子育てへの不安……92
コロナで夫婦ゲンカが絶えない……97

コロナ禍で攻撃的になる人が怖い …… 101

第3章

将来にまつわる不安

自分は就職できるのか …… 108
夢や目標は持たないとダメ？ …… 113
成功して「何者かになりたい」 …… 118
起業することへの不安 …… 123
非正規雇用で貯金も少ない …… 128
コロナに感染することへの恐怖 …… 132

コロナ情報、何を信じればいいの？……138
コロナの終息が見えなくて不安……143
老い、病気への恐怖……148

第4章 自分にまつわる不安

ネガティブで弱気な自分が嫌い……156
社内評価が低くなってつらい……161
人とちょっとズレている……167
トラブルはすべて自分のせい？……174

がんばったのになぜ幸せになれない？……181
不安を感じないようになりたい……186
人生がつらくて仕方がない……192
自己肯定感を高めたい……198
おわりに……206

デザイン　田中俊輔（PAGES）
構成　片岡理恵（BORIS）
写真　宮園篤雄（メセナインターコム株式会社）
印刷　シナノ書籍印刷

序章

世界が突然変わる時

フタのできるガラスのコップに泥水を入れて、テーブルに置いておく。

しばらくすると、何もしなくてもコップの中の水は透明になっていきます。

もちろん、泥水が透明に変わったのではなく、泥やゴミなど重いものが沈んで底に溜まったからです。

コップにフタをして、二、三回振ってみると、再びコップの中身は泥水になってしまいます。

私は、世界が天変地異に見舞われるたびに、この泥水の入ったコップのイメージを思い出します。

透明な水と底に溜まった泥。

別々に存在していたはずの二つのものが、かき混ぜると一体となってしまう。泥水だった時も、分離している時も、実はまったく同じ液体なのに、見た目は別物に思えてくる。

私たちの世界も、普段は平穏無事な風景が広がっています。しかしひとたび、大規模な自然災害などに襲われると、全く違う様相を呈します。

大災害が起こる前と後では、同じ土地であるにも関わらず、まるで別の世界に踏み込んだような気がしてきます。

その意味では新型コロナウイルスも同様でした。

感染が拡大するとともに、私たちが慣れ親しんだ社会は変容していきました。

ニュースは新型コロナウイルス一色となり、私たちはそれを通じて、世界各国での感染状況やそれに対する政府の対応、人々の動向を知りました。

そして同じことが、自分の身の回りにも起こる危険性がある…と、不安と緊張の日々を過ごしたのです。

医療者や研究者の方々が、この未知なるウイルスを分析して仮説を立て、研究したことによって、このウイルスの正体が少しずつ明らかになっていきました。

また、それにつれて新型コロナウイルスの予防法や、感染リスクの少ない暮らし方も分かりつつあり、私たちはそれを守ることによって感染爆発の防止を目指そうとしました。

まだ、施設や店舗などでクラスターが発生すると、拡大するリスクはあります。

しかし、おっかなびっくりではありますが、私たちは新型コロナウイルスとの共生の道を少しずつ歩み始めているような気がします。

私が参画している寺カフェの相談室も、3月から約3カ月は休業。6月から営業を再開すると、以前のようにご相談にいらっしゃる方が増えてきました。

やはり、新型コロナウイルスの影響で、仕事や生活がどうなるかわからない、これから先の見通しが立たない…といった内容ばかりです。

コロナ禍以前の相談は、生活や仕事、人間関係についてのお悩みがほとんどでした。しかし、コロナ禍での相談の内容はちょっと漠然としています。明確に、何に困っているとか、問題を解決したいというのではないけれど、なんとなく怖い、不安であるという気持ちの揺れが、とても強く伝わってきました。

これこそが、冒頭の泥水が入ったコップのイメージです。

この間までは、静かで澄んだ水だったはずが、突然泥水になってしまった。

そのギャップ自体に怖れ、不安を感じている人が多いのです。

でも、コップの中の液体は何も変わってはいません。同じ水をかき混ぜただけで、今までないと思っていたゴミや泥が一気に浮き上がり、水と混じって、全体が茶色く濁ってしまっただけです。

それと同様に、コロナ禍以前の世界とコロナ禍にある世界の中身は何も変わりません。同じ国、同じ市町村に、同じ人間が暮らしている。でも、新型コロナウイルスという禍によって、以前の秩序や平穏が撹拌《かくはん》されてしまったのです。それによって、今までなかったはずの混乱や変化が起こり始めた。また、集団や人間の暗い部分、見たくない部分も露呈してしまった。

でもそれは、底に溜まった泥のように、世の中にずっとあったことであり、私たちが目を向けようとしなかっただけなのかもしれません。

実際にはあったはずのことを今まで意識せず、それが突然目の前に現れると、人間は怖れ、不安を感じます。

私のもとに相談に訪れた人たちの、漠然とした恐怖、不安とは、そういうものから生まれたのではないかと思っています。

仏教というツールを活用する

お釈迦様は2500年前に悟りを得、「真理」に開眼されました。

その後、多くのお弟子たちと移動しながら、相手の悩みや資質に応じて諭す「応《おう》病与薬《びょうよやく》」という方法で、たくさんの悩める人々を真理へと導きました。その人の理解しやすいように話し方を変えて、だれにも悟りを起こさせるような方法です。

そのため、仏教には「八万四千の教え」があるといわれています。

お釈迦様が入滅後、お弟子たちが集まり、自分たちそれぞれの記憶に基づいて、お釈迦様の説かれた法を編集したのが「経典」です。その経典を通じて、2500年後の世界を生きる私たちも、お釈迦様の教えを知ることができるのです。

仏教とは、お釈迦様の世界観から、私たちに発せられたメッセージのようなものです。

お釈迦様から見える世界は、果てしなく広く、深い。そして時空も超越したものと思われます。私たちがその世界を見ることはとてもできません。

ただ、経典に記されたお釈迦様が残された教えをヒントに、現実の世界を見てみることはできます。

そうすることによって、苦しくてつらいだけの世界として見えていたものが、少しだけ視野が広がり、違う捉え方ができるようになるかもしれません。

特に、新型コロナウイルス感染拡大のような未曽有の出来事に遭遇した時には、従来からのものの見方、考え方では到底太刀打ちできません。

こんな時こそ、仏教というツールが有効ではないかと思います。得体のしれない怖れや、ふとした隙に忍び寄る不安――これらにどう向き合ったらいいのか。そのためには、まずは怖れや不安の正体を知ることが大切なのです。

新型コロナウイルスの脅威は、全世界の人々に同様の不安、恐怖を感じさせました。漠然とした不安を常に抱えていることの、息苦しさ、つらさは、ほとんどすべての人が体験したことだと思います。

本書を読んだだけでは、その不安を解決することはできないでしょう。ただ、気がつくと心の中でどす黒い煙となって広がっている不安を取り出して、その正体をみつめること。また、それをもみほぐして扱いやすくすることぐらいは、お手伝いできるかもしれません。

仏教の考え方をベースにした「不安のトリセツ」によって、あなたの不安や怖れを少しでも軽減できることを願っています。

第1章

生活についての不安

30歳過ぎても正社員になれない

30歳になったのに、まだ非正規雇用で仕事をしています。
結婚どころか、恋人もいません。
こんなみじめな生活が、いつまで続くのか…。
不安で眠れない夜もあります。

自分が怖れているものの正体をあきらかにする

私のところに相談にくる人は、いくつもの不安や悩みを抱えているケースが少なくありません。あなたもそのようですね。正社員として就職したい、恋人がほしい、結婚したい。

いくつもの悩みを抱えている人の特徴として、それらがすべてつながっているというストーリーを自分で作ってしまうことがあります。

つまり、自分は正社員じゃないので収入も低く、生活が安定しない。だから恋人ができなくて、ずっと結婚できないのだ…と、現在の条件を因果関係でつなげてしまうのです。

ではここで、あらためてあなたの不安をもみほぐしてみましょう。

非正規雇用、恋人がいない、独身。

この三つは、それぞれ別個の問題として考えるべきです。

なぜならば、正社員じゃなくても結婚している人はたくさんいます。結婚したいからと婚活に励み、恋愛をせずに理想の相手と結婚する人もいます。

あなたの場合は、今の自分のすべてが気に入らないわけです。でも、そうやってずっとモヤモヤしていたら、来年も再来年も生活は変わらないと思いますよ。

「こんなみじめな生活」とあなたは言いますが、自分自身をみじめだと決めつけているのもよくないかもしれません。

そこには「人との比較」があるからです。同年代の男性と比べたり、自分が理想とする人生を歩んでいる人と比べたり…。人と比べることで自分を貶めているのです。

自分は自分、人は人です。比較することには何の意味もありません。

それよりも、自分の将来についてしっかりと考えることです。

自分の将来が「どうなるのか」と傍観するのではなく、「どうするのか」とぐっと引きつける。さらにいえば「どうなりたいのか」と自問自答してみてください。

不安とは漠然としているもの。漠然とさせたままでいると、不安はどんどん膨らんでいきます。解決したいなら、その漠然としたものをしっかりとみつめること。まずは自分が怖れおののいているものの正体を知ることです。

「蛇縄麻《だじょうま》の喩え」というお話があります。

ある人が真っ暗な夜道を一人で歩いていると、蛇に出くわします。

慌てて家に帰ったものの、いつあの蛇が家に入り込むかと不安で眠れません。

翌朝、蛇を確かめに行ったら、それは一本の縄でした。

(なんだ、縄か…)と近づいてみたら、それは縄よりも弱い、麻で編んだ紐だったのです。

不安とはまさにこのことです。暗くてよく見えないのに蛇だと思い込み、恐怖に駆られてしまう。明るい光の下で見てはじめて、それが自分の思い込みだったことに気づくのです。この喩えは、愚か者の笑い話のようですが、実は私たちにはありがちなこと。

自分が怖れているものの正体をあきらかにする。これは不安を取り除く一つの方法です。

何も見えない暗闇の中で、恐れおののいているのが私たち。その暗闇に光を当てるのが仏教なのです。

母の介護で経済的に苦しい

苦労して私たち三人兄妹を育ててくれた母への
恩返しの気持ちもあり、一人で介護しています。
フルタイムで働きながらでは難しく、
パートタイムの仕事に変えたので
経済的にも苦しいです。
このままやっていけるのかとても不安です。

「理想」「情」「経済」のバランスをとる

私のもとには介護にまつわる相談も、よく寄せられます。これはもう社会問題だな…と思うほど増えてきました。最近では、あなたのように介護のための離職や老老介護など、深刻な内容も少なくありません。

じっくりとお話をうかがって、私がまず提案するのは、物事を「理想」と「情」と「経済」——この三つのバランスから見るということ。

たとえば、あなたの場合は、子どもは親を見なくてはいけないという「理想」が圧倒的に強い。そして、たった一人のお母さんにできるだけのことはしたいという「情」も強いでしょう。でも、「経済」については、あまり考えていないようですね。

そうすると、「経済」の部分を何らかの方法で補強する必要があります。「理想」と「情」を少し減らして、兄弟姉妹にサポートをお願いするとか、デイサービスを利用して働く時間を確保するとか…。

そうしないと、多分将来的にあなたがこだわっている「理想」と「情」を貫くことはできなくなります。それどころか、自分自身の生活が立ち行かなくなる。すると、大切なお母さんを守ることもできなくなってしまうでしょう。

私には、介護問題で悩んでいる人の多くが「子どもが親の面倒を見るのは当たり前」という固定観念に自らを縛りつけているように見えます。

ある財団の方に聞いた話です。そこでは介護をする人のための電話サービスを行っています。介護で悩んでいる人が電話をすると、介護経験のあるボランティアの方が電話を受けて、ずっと話を聞いてくれるというものです。

そのなかで「あれ？　この方のお母さん、たしか半年前に亡くなったのでは？」と思うことがあるというのです。つまり、その相談者は、何十年も母親を介護して、それが自分の人生のすべてになってしまい、人間関係も断絶してしまった。母親が亡くなって自分の人生は空っぽになったので、介護をしているふりをして、自分にとって唯一のつながりであるそのセンターに電話をしてくる。

ちょっと怖い話ですが、一人や二人ではないそうです。こんな風に、自分の人生を取り戻せなくなってしまうということも起こるわけです。

冒頭でも述べたように、私は介護問題は、家庭内ではなく社会的な問題だと思っています。「子どもが親の面倒を見るのは当たり前」と、自分ですべてを背負う必要はありません。

「自分はここまでならできる」というラインを決めて、それを超える状況になったとしたら…極論を言えば、放棄してもいいんですよ。家族や親戚、あるいは公的なセーフティネットに頼るということも想定して、「できるところまでやってみよう」という気持ちで取り組んでみてはいかがでしょうか。

あなたに守るべきものがあるのなら、それを守るあなたを守るべきです。「理想」と「情」だけでは、守りきれないこともあります。

コロナ禍での生活が不安

新型コロナウィルスの影響で、
仕事も生活もガラリと変わりました。
新しい生活様式に徐々に慣れつつありますが、
ニュースなどを見ると、
まだまだ油断できない状況のようです。
この先、いったいどうなるのか…不安でたまりません。

仏教をツールにコロナ禍の世界と自分をみつめてみる

２０２０年1月、日本初の新型コロナウイルスの感染者が報告され、2月には国内の累計感染者が１００名を超えました。大型クルーズ船内での感染拡大、東京五輪・パラリンピックの延期、そして5月には緊急事態宣言の発令。

年明けまもなくから始まった、新型コロナウイルス感染症の流行は、私たちの予想を超えたスピードで拡大していきました。

世界の感染者数は７０００万人超、死亡者は１５９万人超（２０２０年12月12日現在）。

これは、１００年前に流行したスペイン風邪（世界で約6億人が感染。４０００万人が死亡）に次ぐ規模の感染症だそうです。

２０２０年という年は、世界中の人々にとって忘れられない年になるでしょう。また、この年をきっかけに、私たちの生活や社会も大きく様変わりしたことが、歴史に刻まれるはずです。

世界的な感染拡大の中、私たちの生活はガラリと変わりました。

朝は、ニュースで発表される感染者数を確認することから始まります。外出時には、必ずマスクを着用。密集・密閉・密接という「三密」を避け、帰宅後は必ず手洗いをする…日常の生活様式もすっかり変化しました。

世界各国の政府が、ロックダウンや国境封鎖をするなど、さまざまな対策によって感染拡大を封じ込めようとしますが、収束しそうになると、第二波、第三波が起こる…。未だにどうなるかが全く予測できない状況が続いています。

今回のいわゆる「コロナ禍」によって、私たちは「ままならない世界を生きている」と思い知らされました。

仏教では、元々、人間は先が見えない世界を生きている…とされています。ところが、文明社会に生きる私たちは、ほぼ予測通りの毎日を生きています。決まった時間に目覚め、予定時刻と数分もたがわずに電車はホームに到着し、当然のように会社に行って仕事をする。仕事が終われば、居酒屋に寄って同僚とビールを飲んで酔っ払っても、電車に乗って無事に家に帰ることができる。

今となってみれば「いとおしい日常」です。しかし、そんな風に移動や仕事ができていたのは、世の中が安全で、しっかりとしたインフラに守られていたから。

文明が未発達の社会や紛争地域などでは考えられないことなのです。

時と場所が変われば、それがどんなに幸せなことかわかるでしょう。

新型コロナウイルスの発生は、人類にとって災い以外の何物でもありません。ただ、あえて良かったことをあげれば、「先が見えない世の中を生きている」ということに、あらためて気づかされたということかもしれません。

諸行無常《しょぎょうむじょう》――すべてのものは変化する。

これは仏教の基本的な考え方です。そんなことはわかっていると言いながらも、私たちは自分を守ってくれる社会や、いとおしい日常が永遠に続くとつい思ってしまう。

しかし、コロナウイルスによってそれが大きな間違いであったことに気づいた。だからこそ、今この一瞬を大切にと心から思い、生きることができるのではないでしょうか。

諸法無我《しょほうむが》――すべてのものはつながりの中で変化している。つまりすべてのものに実体がない。

これはもう一つの仏教の基本的な考え方です。後述しますが、新型コロナウイルスというものの存在自体も、つながりの中から発生したことが分かっています。また、今回の感染拡大によって、思わぬところに影響があり、被害を受けたことにも驚いたのではないでしょうか。

一切皆苦《いっさいかいく》──人生は思い通りにはならない。

これもまた然り。

私たちはままならない世界に生きている。これこそが、新型コロナウイルスによって、私たちが思い知らされたことです。

これらの考え方、捉え方を取り入れて、コロナ禍の世界と自分自身をみつめてみる。すると、正体不明の不安を違う角度から見ることができると思います。

ブラック企業への不安

とにかく仕事がキツイです。
給料が安いのに激務。
職場の人間関係も最悪です。
ストレスがたまる一方で、
このままではうつになってしまうかも…と不安です。

「なんのために仕事をしているのか」を自分に聞いてみる

近年は労働や雇用の問題が、社会的に注目されています。非正規雇用の増加も問題ですが、劣悪な条件で労働を強いる、いわゆる「ブラック企業」に関する相談も増えてきました。

たしかに、経済や労働問題など、今の社会は若干いびつではないかと感じます。年収が200万円に満たない人や、月平均の労働時間が80時間(厚生労働省の基準の2倍)を超える人などに対して、「がんばれ」の一言ですむとはとても思えません。自己責任や自助の範囲を超えているので、社会のシステムを変える必要もあると思います。

「仕事がキツイ」という相談に対しても、他の相談と同様に、じっくりとお話をうかがっています。毎日の仕事の様子、職場の人間関係、具体的に何がつらいのか…。

そうすると、どう考えても会社の職場環境はおかしい…と思うこともあります。無理なノルマがあったり、不公平な仕事の分配を公然と行っていたり。その場合は「日々の記録をつけて、上司に相談したらどうか」とアドバイスしています。

理不尽な環境で、「理不尽だ」と思いながら仕事をするのは、たしかにキツイと思います。我慢を続けることが、その人にとっていいことだとは思えません。だから、できるだけ客観的な記録をとって、上司に直訴する。それがうまくいくかどうかは保証できません。しかし、理不尽に我慢をして不満をため込まず、自分の意見を主張するという経験によって、何かが変わる可能性があります。

その一方で、相談者のスキルが未熟なため「仕事がキツイ」場合もあります。

特になんらかの技術が必要な仕事の場合は、すぐに希望する部署につけないことも多いでしょう。また、アシスタント的なとても簡単な作業を命じられることもあります。ようやく仕事が任されるようになったら、慣れていないので先輩よりも数倍時間がかかるので残業が多くなる…。これは仕方がない部分もあります。会社にとっては、その人はまだ一人前の戦力ではないのです。（常識的な範囲ならば）残業時間が多いのは仕方がない。この場合は、そう説明して「もう少しがんばってみましょうか」と提案することにしています。

仕事なんていうものは、たいていはしんどいものです。あこがれたり、好きで始めた仕事であったとしても、楽なことばかりではありません。

いわゆる「成功者」といわれる人たちでも、自分の好きなことだけしている人はほとんどいないでしょう。

労働環境が劣悪、一人前ではないので時間がかかる。どちらの場合でも「仕事がキツイ」と感じた時は、「なんのためにこの仕事をしているのか」と自分に問うてみてください。その根本の部分が納得できるものであれば、仕事を続けることはできるでしょう。そうでなければ、他の道を探してみてもいいかもしれません。

ストレスを酒で紛らわしてしまう

仕事が忙しく、ストレスがたまっています。
そのせいか、お酒を大量に飲んでしまいます。
最近になって外食を減らすようになってからは、
毎晩一人で飲む習慣がつき、
以前よりも酒量が増えているのが気になります。

依存性がなければ大丈夫。弱い自分を自覚できるのはいいことです

仏教では「不飲酒戒《ふおんじゅかい》」といって、お酒は飲んではいけないことになっています。それが生まれたきっかけを、仏教説話で知ることができます。

昔、インドのある国に狂暴な龍がいました。その悪龍は暴れ回って、人や牛馬を殺し、畑や家々をめちゃくちゃにしてしまいます。そこで、お釈迦様の弟子である莎伽陀《しゃがた》が、神通力を使って成敗し、悪龍はお釈迦様の弟子になりました。それ以来、莎伽陀の英雄譚は国中に知れ渡ることになりました。ある夜、信者の家で酒を勧められた莎伽陀。飲みすぎて、帰途に暴れ、道に倒れて大醜態をさらしてしまいました。

それを見たお釈迦様が、

「悪龍を征服したほどの聖者である莎伽陀も、酒に征服されてこんなことになってしまった。聖者でも酒を飲んではかくごとし。いわんや凡人は身を慎まなくてはならぬ」

とおっしゃって、それ以来お酒を飲むことを禁じられたといわれています。

酔いつぶれて醜態をさらすことはよくないですが、一日の終りにお酒でちょっといい気持ちになるくらい、私はいいと思います。

人にはなんらかの息抜きが必要です。お酒だけでなく、タバコやギャンブル、ゲームや繁華街で遊ぶなど、だれでも何かしらの息抜きをしていると思います。

そんなことにうつつを抜かすなんて、弱くて情けない…とは思いません。

仏教では、この世に生まれた人間は「煩悩具足《ぼんのうぐそく》の凡夫《ぼんぶ》」だと定義しています。

「煩悩具足」とは、心を煩わせ、身を悩ませる欲が備わっているということ、「凡夫」とは四諦（この世はすべて苦でありその因は煩悩にあること）の道理を知らない人。

今風にざっくり言うと、欲にまみれて真実を知ろうとしないダメな人…ということです。

そんな煩悩具足の凡夫である私たちはそもそも弱い存在であり、そんな私たちがストレスの多いこの現代社会を生き抜いていくこと自体、とても大変なことなのです。

ましてや、新型コロナウイルスなどという、今まで人類が経験したことのないウイルスの感染が拡大して、落ち着いていられるはずがありません。そのことは、むしろストレスや不安に強いメンタルで打ち勝つよりも、自分が「煩悩具足の凡夫である」と気づくきっかけが得られたという点で、仏教的にはいいことと捉えられます。

私たちは、煩悩にまみれた弱くて情けない存在です。不安や怖れを抱えながらも生きていこうとしているのですから、一杯のお酒くらい、いいじゃありませんか。

節約下手で貯金ができない

将来に不安を抱えています。
まとまった蓄えがあれば、
少しは不安が解消されるのでは…と思います。
自分では特に浪費家とは思っていませんが、
節約するのが下手で、なかなかお金が貯まりません。

今あるものに喜んで、多くを強く求めない

借金があるとか、子どもの教育資金が出せないとか、現実的にお金の問題で困っている場合は、なんらかの形でお金の計画を立て直すことで問題は解決できます。でも、漠然とした不安は、お金で解消することはできません。なぜなら、いくらあっても足りないからです。

人生は苦に満ちており、その原因は煩悩があるから——と仏教では考えます。いわゆる「四苦八苦《しくはっく》」とは、その苦しみの種類を解き明かしたもの。その中の一つ、「求不得苦《ぐふとくく》」とは、求めるものが得られない苦しみのことです。

だれもが幸せになりたいと願い、お金があればそれが叶うと思っています。最初は、幸せになるためにお金が必要と思っていたのに、私たちの欲望には際

限がありません。お金が手に入ったら、もっと欲しいと思う。もっと得たら、さらに欲しいと思う。最初は幸せになるためにお金を求めたのに、いつのまにかお金を儲けること自体が目的となってしまう…そういう人は少なくないでしょう。

もちろんお金を儲けることは悪いことではありません。ただ、それ自体が目的になってしまうと、ちがう種類の不安が生じるということです。

有田憂田《うでんうでん》。有宅憂宅《うたくうたく》。（略）無田亦憂《むでんやくう》。欲有田《よくうでん》。無宅亦憂《むたくやくう》。欲有宅《よくうたく》。
（田があれば田を憂う。家があれば家を憂う。田がなければ憂いて田があればと思う。家がなければまた憂いて家があればと思う）

これは、「仏説無量寿経《ぶっせつむりょうじゅきょう》」の一説です。

田んぼがあったら、お米がちゃんとできるだろうか…と心配が尽きません。家があったら、維持するために苦労が続きます。それでも人は、田んぼがなければ「田んぼさえあれば」と嘆き、家がなければ「家さえ持っていたら」と憂うのです。

つまりは、持っていない人は持つことで不安を解消しようとしますが、持ったら持ったで違う不安が起こる――所有することで不安は解消できないということです。

とはいえ、私たちは所有したい気持ちを捨て去ることはできません。なぜなら、煩悩具足の私たちは、煩悩でできているからです。だから、お金やものに対する執着（欲）を手放すことは、生きている限りできないのです。

大きな欲には大きな苦がついてくるのもの。欲をすべて手放すことはできませんが、欲を少なくすることはできるかもしれません。仏教には、「少欲知足《しょうよくちそく》」という言葉があります。欲を少なくして足ることを知り、今あるもので満足するという意味ですが、親鸞聖人の師・法然聖人は「喜足小欲《きそくしょうよく》」と言い換え、「足ることを喜び、強く欲しない」生き方をよしとしました。今あるものを喜んで、多くを強く求めようとしなければ、不安を感じることもないでしょう。

貯蓄はあるのに老後が不安

老後の生活に不安があります。
ある程度貯蓄はありますが、
怖くてお金を使うことができません。
きわめて質素な暮らしを心がけていますが、
夫が定年を迎えたら、味気ない日常に
耐えられない気がします。

老後を豊かにするのは笑顔とふれあいです

若い人たちの仕事やお金の悩みと同様に、中高年層の老後にまつわる不安・悩みの相談が増えています。

（貯蓄があるならばいいじゃないか）と若い人は思うかもしれませんが、若い頃とちがって、年をとると病気や介護などの問題が増えていきます。それに対する備えが足りているかどうか、まさに有田憂田の不安が生じるわけです。

先日、新聞のマネー相談で、同じようなお悩みを読みました。

夫は定年退職後、再就職。月15万円ほどの収入で、夫婦二人暮らし。妻は持病があるので働けず、その収入でやりくりをしているそうです。食費をなんとか月2万円で抑え、光熱費も高いので極力電気は使わず暗いため、何かにぶつかったりすることもあるとか。

そこまで読んで私は(電気を使わないなんて、よほど大変なんだな…)と思っていたら、データ覧に、貯蓄：約8000万円とあり、驚きました。

相談に答えるファイナンシャルプランナーさんも、

「年金生活になっても、これだけ貯蓄があれば十分生活していけます。これ以上貯蓄しなくても大丈夫。その分食費や光熱費にあててください」

と書かれていました。

なんと、その方は「貯蓄を切り崩したくない」から悩んでいたのです。相談内容には「食費を切り詰めて30kg台に痩せてしまった」「今は5つの病院に通っている」などとあり、もしかしたら、他のことを心配した方がいいのではないかと思ってしまいました。

真面目で律儀な日本人らしいお悩みですが、お金があっても人は幸せとは感じられない…という典型を見たような気がしました。ファイナンシャルプランナーさんのアドバイスを読んで、少しでも気持ちが楽になったらいいのですが…。

あなたが抱えている不安、お金を使えないというのも執着のひとつです。人生は「一寸先は闇」ですから、何が起こるか分かりません。どんなにたくさん保険に入っても、多くの貯蓄があっても万全とは限らない。何があっても今ある条件でやっていくしかありません。宝くじでも当たらない限り、大金を手に入れることはできないのです。当たったら当たったで、なんらかのリスクはあるでしょう。

それよりも「味気ない日常に耐えられないかもしれない」という不安に向き合ってみてはどうでしょうか。お金を使わなくても楽しく暮らせるように考えてみるのです。夫婦の関係はうまくいっていますか？　そうでないならば、これから定年後に向けて、夫婦で楽しめる趣味などを始めてみてはいかがでしょう。

ご近所や友人夫婦などとのつきあいはありますか？　老後を豊かにしてくれるのは、お金ではなく、笑顔とふれあいです。家族はもちろん、友人・知人、ご近所さんなどとの関係を、今のうちから整理して、良好にしておくことをおすすめします。

第2章

人間関係にまつわる不安

人づきあいが苦手

子どもの頃から人とのつきあいが苦手です。
20代の今でも友人が少なく、
親友と呼べる人もいません。
恋人ができるなんて想像もできません。
このまま心を開ける人がいないと
一生孤独なのでは…と不安です。

人生とは本来孤独なもの。それを知ることが人生のスタート

多くの人のお悩みや不安を聞く立場にある私も、人づきあいが得意とはいえません。

いや、人づきあいが得意な人って、いるんでしょうか。いたとしても、そんなに多くはいないと思いますよ。なぜなら、人間のストレスの多くが人間関係が原因だからです。

人間関係というのは面倒くさいものなんです。人間は、基本的に自分が一番大事で、大好きです。それなのに、自分以外の人に気を使ったり、意見を合わせたりするのはすごくストレスなんです。あなたは、ウソのつけない、自分に正直な人といえるでしょう。

でも、少ないとはいえ友人がいるならば、その人たちとのつきあいを、ストレスにならない程度に続けていけばいいと思います。

映画や小説の主人公には、自分のことをなんでも分かってくれる親友がつきものですが、現実には、そんな親友がいる人の方が少ないかもしれません。あるいは、そういう親友が欲しいので、お互いに親友だと思い込もうとしているケースも多いでしょう。

「仏説無量寿経」に、「独《どく》生《しょう》独《どく》死《し》独《どっ》去《こ》独《どく》来《らい》」という言葉があります。

人は一人で生まれ、一人で死ぬ。来た時が一人なら、この世を去る時も一人…という意味です。家族や友人がいたとしても、それは肉体の連れのこと。本当の意味での連れではありません。

お釈迦様は、どんなに家族に恵まれ、たくさんの友人、自分のことを理解している親友がいたとしても、それは本当の意味での連れではない。人間は、一人で生まれ、死んでいくのだ——ということをおっしゃっているのです。

たくさんの友人に囲まれて幸せそうに見える人も、それは同じこと。私たちは本来孤独なのです。

だとするならば、自分だけが親友がいないので一生孤独…と不安になる必要はありません。

人間は年齢と共に、人に求めることが変わっていきます。

若い頃は、一緒に遊んで楽しい人、面白い友人がいいと思う人は多いでしょう。でも、社会に出て、年齢と共に経験を重ねていくと、「ウソをつかない」「自分に正直である」——そんな人に話を聞いてもらいたいと思うものです。

もしかしたら、ウソのつけないあなたは、そう思っている人にとっては理想的な友人ではないでしょうか。長い人生のなかでできる親友は一人か二人。これからの人生で、そんなあなたの長所に気づいて、心を開いてくる人が現れるかもしれませんよ。

独《どく》生《しょう》独《どく》死《し》独《どっ》去《こ》独《どく》来《らい》。身《しん》自《じ》当《どう》之《し》無《む》有《う》代《たい》者《しゃ》。

人は一人で生まれ、一人で死んでいく。それを誰にも代わってもらうことはできず、自ら受けいれなくてはならない。

この人生の孤独を知ることから、本当の人生が始まります。それを知る者同士こそが、真の親友と呼べるのかもしれません。

親友の彼が信用できない

高校時代から10年以上つきあっている親友のことです。
最近彼ができたというので、一緒にご飯を食べました。
彼女は不良っぽい感じの男性に片思いすることが多く、
その彼も、ちょっと危険な感じがしました。
しかも、今度はつきあっているということで、
騙されているのではないかと心配です。
彼女に冷静になってもらうにはどうしたらいいですか？

・善と悪。簡単に決めつけられるものではありません

ちょっと不良っぽい感じの男性にあこがれる女性って、たしかにいますよね。映画やドラマならともかく、自分の親友が悪い男に騙されているのではないか…と、あなたは不安になっているのですね。一度会っただけの印象で、その男性のことを悪いと決めてしまうのも尚早という気がします。とはいえ、女性の勘はけっこう鋭いので侮れません。

善と悪、正と邪、浄と穢など、この世の中には、対立する概念があります。社会的な常識では、その概念に合わせて物事を判断しようとします。

しかし、現実的には物事はそう簡単に割り切れるものではありません。

たとえば、「悪い人」は、生まれつき悪い人なのでしょうか？　そもそも「悪い」とはどういうことなのでしょうか？

一般的には、人を殺めたり、物を奪ったり、法にふれるようなことをするのは悪いとされていますし、実際にそうです。

でも、悪いことが好きでたまらないという人は極めて稀でしょうね。たいがいは、利害関係や立場などで、やらざるを得ないというケースが多いと思います。だとするならば、だれだって悪い人になってしまう危険性をはらんでいるのではないですか。

あなたを責めているわけではありません。それくらい善や悪というものは、あやふやで絶対的なものではないということです。だから、初対面の印象で、相手を悪いと決めつけるのは、世界を狭くしてしまうのではないかと思います。

浄土真宗を開かれた親鸞聖人は「何事も心のままにできるのなら、千人殺せといわれたらすぐにできるはず。でも殺すことができる因縁がなければ一人も殺せない。自分の心が善いから殺さないのではない。また、殺せないと思っても、百人でも千人でも殺してしまうことがある」とおっしゃっています。人は、縁が揃えば「善」となり、異なる縁が揃えば「悪」にもなる存在だということです。

また、「心の主となっても、心を主としてはいけない」ともおっしゃって、自分の心は自分のものであって自分のものではない、コントロールできないものだと説いています。

そう考えると、単に善い人、悪い人と決めつけることが、どんなに乱暴なことかわかるでしょう。道徳や倫理ではかる善悪とはちがう観点から捉えることが必要です。

人間が安定して暮らすために道徳が生まれ、その意味を考えるために倫理が生み出されました。しかし、仏教を含めた宗教とは、道徳や倫理に収まらないところから始まります。

その男性も、あなたの親友になんらかのご縁を感じたのかもしれません。仮に素行がよくない人だったとしても、おつきあいがきっかけで善人に変わることもありうるのです。また、それを本来見極めるのは、親友の彼女本人です。

社内不倫がバレた

会社の上司と不倫関係を続けていました。
彼の奥さんに関係がバレてしまい、
彼に「別れてほしい」と言われました。
子どもや世間体のために一緒にいる奥さんよりも
私の方がずっと深く、純粋に彼を愛しています。
別れることが死ぬほどつらいです。
どうしたらいいのでしょうか。

純粋な愛も永遠には続かない。その覚悟が必要です

縦の糸はあなた　横の糸は私。
逢うべき人に出逢えることを
人は仕合せと呼びます。

中島みゆきさんの「糸」。心にじーんとくる名曲ですね。でもこれは、宇宙にあなたと私しかいなければ…という設定です。現実には、縦と横どころか、無限ともいえる因縁が、細かい蜘蛛の巣のようになって、絡まったりちぎれたりしているのです。

しかし人間は、そのすべてのご縁を受け入れるのではなく、そこに上下をつけ

て、好き嫌いを加えて、勝手に糸を選び取り、「自分の運命」という物語を紡ぎます。

仏教では、愛情もまた「渇愛《かつあい》」という欲望です。自分ではどんなに純粋で崇高で、欲に汚されていないと思っていても、「喉が乾いたから水を求める」程度のものと考えます。

相手を占有したいという執着の欲によって生まれてくるのが愛なのです。

お釈迦様は、人間の苦しみを「四苦八苦」として説かれました。

その中で、愛する人と別れなくてはいけない苦しみを「愛別離苦《あいべつりく》」といいます。

好きでもなんでもない人との別れは苦ではありません。人間は、(今生だけでも)生まれてから非常に多くの人と出会い、別れて今に至ります。でも、ほとんどの人の別れは気にもせず、従って苦しみも感じていません。

仏教的には、大切な命と命の出会いは、自分が嫌いな人であっても本来は尊いご縁です。しかし人は、そこに上下、濃淡をつけて、自分の思うようにしたいと思ってしまう。

人間という存在の根本的な苦しみ「生老病死《しょうろうびょうし》」（生まれて、老いて、病んで、死ぬ）と同じように、愛情も同様。諸行無常――すべては流れ、変わっていくのです。

煩悩具足の凡夫である私たちは、欲に根差した愛情を抱き、苦しみを抱くもの…これが前提です。人を愛することには苦しみが伴いますが、だからといって愛することをやめられないのも人間なのです。

たとえどんなに愛していたとしても「出会ったものは必ず別れる」という腹の据わりが必要だと思います。だからこそ、今この時、精一杯愛せばいいのです。

仮にあなたの思うがままに事が運んで、あなたが邪魔だと思う人たちがすべて消えていってくれて、あなたと彼が一緒になることができたとしましょう。

それでも、愛に終わりは来ます。おとぎ話は「永遠に幸せに暮らしました」と結ばれていても、現実はそういきません。実際にはどちらかが先に逝き、どちらかが残されます。どちらの側でも苦しみはあります。

また、そうなる前に一緒にいても愛が醒めてしまうこともあります。これもまた、あなたにとっては耐えがたい苦しみなのではないでしょうか。

欲望である愛を押し通すとリスクが伴います。その覚悟が必要です。

モラハラ夫と離婚すべきか

モラハラ夫との生活が苦痛です。
現在専業主婦で二人の子どもがいるため
離婚したくてもできない状況です。
家ではケンカばかりで、私が泣いているのを見て、
子どもたちも「パパとは別れて」と言っています。
今すぐ別れても、うまくやっていけるか不安です。

冷静になって相手と話し合いましょう。離婚するならリスクを覚悟し、慎重に決断を

こちらは、四苦八苦の中の「怨憎会苦《おんぞうえく》」。嫌いなのに別れられない苦しみというものです。

一度は愛した人を憎みだしたら、感情も倍増に。ドロドロとした修羅場になってしまうのも仕方がないのかもしれません。

あなたと同じように、別れたいけれど別れられないという相談はとても多いです。

別れられない最大の理由は経済的な問題。あなたのように専業主婦でお子さんがいる場合は、別れた後に生活していけるかどうか分からない…と離婚を躊躇してしまうのです。

現実的に、経済的自立ができない限り、離婚は難しいといえるでしょう。

かつて私は家庭裁判所の調停委員をしていたことがあります。離婚調停となったら、慰謝料や養育費を請求できます。しかし、ほとんどもらえない。それなりの額を決めても、途中から不払いになることも多く、強制的に取り立てることは難しいのが現実です。

感情にまかせて、子どもを連れて出ていったとしても、きちんと生活していける自信がない。だからこそ本人も悩んで、相談に来るのでしょう。

子どもを抱えて、女性が一人で生きていくのは容易なことではありません。そのリスクの重さを知っていますか？　自分自身と子どものために、それを背負っていく覚悟はありますか？　そう問いただしたうえで、それでもどうしても別れたいという場合は、実行するほかないと思います。

その場合は「慎重に決断し、準備も必要です」とアドバイスしています。お金を貯めて、資格を取得したり、人づてに就職を頼んだりと、離婚後の生活に向けて、数年かけて準備をする。相手が後で知ったら(え、そんな前から離婚するつもりだったの)とショックを受けるかもしれませんが仕方ないでしょう。

聞いてみると、ほとんどの相談者が、夫とまともに会話をしていないようです。でも、ここはひとつ大人になって、表面上は冷静に話し合いをしてみるのもいいと思います。

夫婦のボタンの掛け違いというのは難しいもので、1年2年でそうなったわけではなく、長い時間をかけて関係が悪くなっていきます。一つや二つの問題ではなくて、いろんなことが起こって、その都度互いに辛抱してきたわけです。

話し合ううちに感情的になってきたら、「今日はこのぐらいにしておきます」と、無理せずやめておくのも大切。感情がもつれると修羅場になりかねません。

修復するにしろ、離婚するにしろ、話し合いは必要なので、そこはきちんと向き合いましょう。また、自分のことだけでなく、お子さんの気持ちも大切に。あなたの気づかないところで、お子さんが傷ついたり悩んだりしているかもしれません。

上司との相性が悪い

仕事自体は楽しいのですが、
上司との相性がよくありません。
部内でもかなり仕事はできる方なのですが
正当に評価されていない気がします。
私が上司を嫌いなことがバレないように
態度や発言には十分注意をしているのですが…。

スキルや経験は蓄積されています。ご縁のある場所で活躍できます

職場の人間関係も、ストレスの原因になります。特にあなたのように、がんばっているのに認められないのは、納得できないでしょうね。

社会に出ると、こういった理不尽なことが多いものです。自分より仕事ができないのに、上司にとりいるのが上手い人、要領よく人に仕事をふってサボる人…いろんな人がいるものです。

あなたのように真面目ながんばり屋さんは「許せない」と思うのでしょうが、これが現実というものです。私たち人間は不完全な存在なので、どうしてもいびつな世の中になってしまうのです。

それを踏まえたうえで、今の状況を見てみましょう。

がんばった人が報われて、ずるい人が罰せられる…そんな勧善懲悪は、人間が理想とする世界です。現実にはいいことをしても、いい結果にならないことも多いし、悪いことをしたからといって悪い結果になるわけではない。なぜなら、そのいい・悪いはあくまでも人間の思い込みだからです。それを仏教では、「罪福《ざいふく》を信じる」といいます。

職場での最終的な評価を、あなたの上司が決めるのだとしたら、上司の思惑が作用していても仕方ありません。それがあなたの思惑とちがうというだけの話です。

あなたは「上司が嫌いなことがバレないように、態度や発言には十分注意をしている」とのことですが、多分あなたに嫌われていることを上司は感じていると思いますよ。

人間って、相手に自分がどう思われているかを感じるものですから。あなただってそうではありませんか？「態度や発言に気をつければそれがバレていない」と思っている時点で、あなたは上司（や他人）のことをちょっとバカにしているのではないでしょうか。

仏教では、人間の犯す罪には三種類あるとされています。身《しん》（人に危害を加えたり、物を壊したりという「身体」による罪）、口《く》（ウソをついたり騙したりという「口」による罪）、そして意《い》（怒りや妬みなど「心」による罪）です。この身・口・意に気をつけることが重要と考えます。

どんなに相手に気を使う行動をとったり、調子のいいことを言ったりしても、心の中でその人をバカにしていたら、それは相手に伝わります。いいえ、伝わるかどうかはわかりませんが、相手に伝わってしまうと思っているぐらいでちょうどいいのです。

そうかといって嫌いな人を好きになることも難しいでしょう。そこは「嫌い」ではなく「分からない」としておくのはどうでしょうか。あなたは上司の長所やいいところを分かっていないだけなのかもしれません。

たとえ現在評価されなくても、あなたのスキルや経験は確実に蓄積されていきます。それをもとに、新しい部署や他の上司のもとで活躍する日がくるでしょう。

母親の支配欲が強い

母親との関係がこじれそうで不安です。
母は子どもの頃から家族を
コントロールしようとする人でした。
現在は離れて暮らしているので
適度な距離を保っていますが、
私の結婚を黙って許してくれるとは思えません。

あなたが大人になって、新たな関係性を築きましょう

私は、それこそ老若男女、さまざまな内容の相談事に答えています。でも、いろいろ掘り下げて聞いてみると、その原因が親にあるということが多いです。最初は本人も気づいていないのですが、話をしてもらううちに、その人のコンプレックスが親の言葉に由来することや、親との関係が人間関係に影響を及ぼしていることなどが分かったりするのです。

子どもは親を選んで生まれてきたわけではありません。また、子どもは他で生きる選択肢がないので、親のもとで生きていこうとします。そこでどんな理不尽なことがあっても、子どもなりに我慢をしてしまうのです。

親もそれを知ると、子どもを自分の分身のように思ったり、理不尽を増長させ

たりしてしまう。結果的にそれが、子どもの一生の傷となってしまうことも少なくありません。

お釈迦様は、釈迦族の王子として誕生しました。大変裕福な環境で育ち、16歳で耶輪陀羅《ヤショーダラー》と結婚し、羅睺羅《ラーフラ》という子をもうけました。しかし、29歳で出家をし、6年間の苦行の末、35歳で悟りを得て「仏陀《ぶっだ》」となりました。

今の感覚でいうと、地位や財産、妻子を捨てて出家したわけです。しかし、お釈迦様となられてから、妻と子はお釈迦様のお弟子となり仏教を学びました。いわば、穢土の縁を切り、あらためて真実の絆を結んだのです。

あなたも子ども時代にいろいろといやなこと、つらいことがあったかもしれませんが、立派に自立することができました。それならば、もうお母さんの支配下にはないわけです。

心の深層を探ると、まだまだ傷があるかもしれませんし、それに影響を受けている部分もあるでしょう。しかし、これからの人生の方がずっと長いのです。

あらためて、大人になったあなたとお母さんで、新たな絆を結ぶつもりでつきあってみてはいかがでしょう。

支配――被支配の関係は、相互の思い込みによって成り立っています。片方の思い込みが外れたら成立しないので、やがてお母さんもあなたが自立したことに気づくでしょう。

あなたがそのつもりでつきあおうとしても、相変わらずお母さんがあなたをコントロールしようとしたり、結婚を邪魔しようとするならば、一時離れておくのもいいと思います。

親鸞聖人は「一切の生きとし生けるものはみな、生まれ変わり死に変わりを繰り返し、これまでの生で父母兄弟であったことが必ずある」とし、すべての命あるものには深いつながりがあると説いています。つまり、肉親へのこだわりを捨てることは、すべての同じ命あるものを肉親のように慈しむことができるという考えです。

ある意味で、あなたがお母さんよりも精神的に大人になって、よりよい関係性に導いてあげる時がきたのかもしれません。

子育てへの不安

私の両親はいわゆる「毒親」でした。
高校の頃に家出をして以来、
両親とつきあいはありません。
無事に就職し、結婚もすることができました。
夫は子どもがほしいといいますが、
幼少期に受けた虐待の記憶が生々しく、
自分がちゃんと子育てできるかどうか不安です。

あなたと親は別人格。今蒔く種が、未来に花を咲かせます

仏教には、重い罪として「五逆罪」があります。それは、「父を殺すこと」「母を殺すこと」「聖者を殺すこと」「仏教の集まりの和を乱すこと」「仏様の体を傷つけ血を流すこと」の五つです。

最初の二つが、父母を殺すこと。王座を巡って親を幽閉したり殺したりすることは、昔は少なくなかったのでしょう。仏教説話にも親殺しのエピソードがあります。

しかし、「子殺し」は五逆の中に入っていません。その理由は、「自分の血を分けた子どもを殺すなどありえない」とお釈迦様が考えたからではないか…と私は思っています。

現代では、虐待や育児放棄、乳児遺棄、そして子どもの殺害など、さまざまな親による犯罪がみられます。これらについてはお経にはふれられていないため、現代の僧侶はどのように仏教の教えをいかしていけばいいのか考えていく必要があると思います。

あなたは、両親から虐待を受けて育ったにもかかわらず、その逆境を乗り越えて、自らの人生を切り拓いてきました。大変なご苦労だったと思います。

仏教は、「縁起」という考え方を基本としています。現在起こっている事象は、必ず原因や条件が相互にかかわりあっているということです。

そのことを短絡的にとらえて、親の性格を自分が受け継いでいるとか、自分がされたことを子どもにしてしまうとか、つい考えてしまうのかもしれません。

しかし、仏教でいう縁起は、人間の理解の範疇を超えた、もっと複雑で、不可思議なものです。さらには、縁起とは、過去の原因が現在の結果を生むだけでなく、今の行動や起こっていることが未来の結果につながることでもあります。

つまり、あなたが心を込めて子どもを育てることが原因となり、将来になんらかの結果を生むことになる。今蒔いた種が、未来に花を咲かせるのです。

親と子とはいえ、別個の人格、別の人間です。気にすることはありません。あなたの親自身が苦しみや傷を抱えていて、虐待せざるを得ない状態にあったのでしょう。だからといって過去の体験を簡単に許したり忘れたりすることはできないと思いますが、それに囚われてあなたの未来までも潰してしまうのは、あまりにもったいないのではないでしょうか。

現代の子育ては、昔よりもむずかしいことが増えているように感じます。時々

（どうやったらこんな子が育つんだろうか）と思うような、優秀で気立てのいいお子さんに出会うことがあります。親御さんに「どんな子育てをされたんですか？」とうかがうと、「両親ともに忙しく、ほとんどほったらかしでした」と答える方が多いのです。

もしかしたら、子どもには育つ力が備わっているのかもしれません。むしろ親は躾や教育など余計なことをせず、衣食住と教育の環境を整えてあげれば、子どもは勝手にすくすくと成長し、自らの進む方向に伸びていくのではないか…と思います。

コロナで夫婦ゲンカが絶えない

共働きで忙しかった私たち夫婦。
リモートワークで、家で一緒にいる時間が増えました。
どちらかというと神経質な私と、理屈っぽくズボラな夫。
二人の衛生観念が違いすぎて、小さなケンカが絶えません。
「コロナ離婚」とまではいきませんが、将来に不安を感じます。

夫婦であっても感覚の違いは当たり前。話し合ってルールを決めましょう

新型コロナウイルスの感染は、今のところワクチンがないため、手洗いやマスクといった予防法で自衛するしかありません。神経質な人はそれこそ予防対策を徹底するでしょうし、そうでもない人は面倒だと思うかもしれません。

神経質な妻は、夫の雑な手洗いやマスクの扱い方を見ているだけでイライラしてしまう。手洗いやマスクも理論的に100%の感染予防ではないと考える夫は、面倒くさいこともあって、ついついいいかげんに。それを見た妻に怒られると、何も言えずイライラがつのる。

これではお互いにストレスがたまるでしょうね。

夫婦共働きのリモートワークも、自分が仕事に集中したい時に、パートナーが

オンライン会議をして気が散るなど、さまざまなトラブルが起こるようです。

今までは、外では仕事人、家では妻または夫と、オンとオフを切り替えてきたのに、ずっとオンになってしまい、気が休まらないという話も聞きます。

人間は、だれもが自分と同じように世界を見ていると錯覚しています。まして や夫婦や家族であれば、なおさら同じ感覚、同じ世界観をもっていると思い込んでしまう人も少なくありません。

仏教では、「この世界には実体はない」と考えます。

それぞれが、それぞれの好きなように見ているものを、勝手に「実体」だと思っているのです。

たとえば、視力が0・1以下の近視の人、乱視の人、色の識別がよくできない人、老眼の人。それぞれが同時に同じ花を見たとします。みんなが「きれいだね」と共感していても、実際には目から入った視覚情報は、それぞれちがっています。また、その情報を処理する脳も、それを判断する意識も、それぞれちがうはず。でも、他人も自分と同じように見て、感じていると思っている。だから、ちがう反応が現れた時には驚き、「それは間違っている」「そんなはずはない」と思ってしまうのです。

人間は自分の見たいようにこの世界を捉えている。

この基本を思い出せば、相手の衛生観念や価値観が自分と違っていても、怒ったり苛立ったりすることはなくなります。そのうえで、感染予防についてお互い意見を言い合って、その家のルールを決めたらいいのではないですか？

リモートワークも同様です。ワークスペースの距離を保つ、会議の予定をあらかじめ伝えておくなど、家庭内オフィスの規定を作ったらいいと思います。

たとえ夫婦であっても、自分と相手の見ている世界は違う。これを時々思い出すことは、ある意味夫婦円満の秘訣かもしれません。

コロナ禍で攻撃的になる人が怖い

新型コロナウイルスの流行により、
人や社会に対する恐怖が強くなりました。
医療従事者や介護の仕事をしている人、
エッセンシャルワーカーやその家族に対する誹謗中傷、
都市部から帰省した人に対する非難…。
どうしてこんなひどいことを言うのでしょうか。
コロナウイルスよりも今は人の心が怖いです。

他者を悪者にしても解決しません。今こそ支え合いが大切です

このたびの新型コロナウイルス感染拡大に対して、医療や介護、そしてエッセンシャルワーカーの方々の仕事に対する真摯な姿勢に、心からの感謝を捧げたいと思います。

自らの命を危険にさらしながら、人々を守り、助けるために仕事をする。本当に尊いことだと思います。そんな彼らに対して、感謝するどころか誹謗中傷をする人々がいたことは、大変悲しい出来事でした。

また、ゴールデンウイークやお盆に帰省した人、それによって感染してしまった家族に対して、抗議の電話や貼り紙をする人もいたなど、人々の不安の大きさを痛感しました。

2020年4月に、日本赤十字社が公開したあるアニメ動画が話題になりました。

「ウイルスの次にやってくるもの」というタイトルのそれは、新型コロナウイルスに翻弄される私たちの心の状態を描いたものです。

先の見えない状況に対して悲観的な予測や陰謀論が、人から人へ伝わって、ウイルスの感染拡大をだれかのせいにしたり、感染者を犯人扱いにしたり……。人々はだれかを攻撃し、互いに傷つけあい、やがて分断が始まります。

「ウイルスの次にくるもの」とは、人の心に生まれる恐怖。そして恐怖が人から人へと伝播するうちに巨大になり、社会そのものを飲み込んでいく…という事態に、あの動画は警鐘を鳴らすものでした。

その中の一節「非難や差別の根っこには、自分の過剰な防衛本能がある」は、人々の心理を言い当てていると思います。

人は目に見えない恐怖というものが苦手です。それを目に見えるようにするだけで、少しだけ不安が減る気がするのでしょう。また、トラブルや災難はだれかのせいにしようとします。そのだれかを責めることで、自分の中の不安や恐怖を少なくしようとするのです。戦争や大きな自然災害があった時、このような行動をとった人々がいたことが歴史に残されています。

国境を越えたビジネス、人口が集中する高密度な都市生活などの現代社会の脆弱さ。世界同時に発生した未知のウイルスに対しての、それぞれの国の政府がとった対策やリーダーシップ。そして、人々の過剰な防衛本能による攻撃と分断…。

新型コロナウイルスは、今まで私たちが見えなかったもの、見ようとしなかったものをすべてあからさまにしたともいえます。醜いこと、悲しいこともたくさんありますが、これが私たちが生きる世界。仏教では穢土《えど》(迷いから抜けられない人々が生きる汚れた国土)と呼ぶ世界です。これが現実なのだとあらためて直視しましょう。

そのうえで、日本赤十字の動画にあったように、恐怖を冷静にみつめることで、恐怖はうすれていくはず。

つらく、苦しい時だからこそ、助け合い、支え合いながらこの状況を乗り越えていきましょう。

また、予断・偏見・独断を離れ、現実を直視し、中立中道の立場で、一人よがりな判断を避けることが大切です。

第3章

将来にまつわる不安

自分は就職できるのか

大学2年生です。
生まれてから、ずっと不景気な世の中なので、
明るい将来をイメージすることができません。
そのため、大学の講義だけでなく、
就職に有利といわれている資格を取りまくっています。
それでも、就職できるのか、できたとしても
こんな自分が通用するのか不安です。

就活に追われる前に「何のために生きるのか」を考えてみては

バブル経済が崩壊後、日本経済はずっと低迷を続けています。多分、30歳以下の人たちは、右肩上がりに経済成長を遂げていた頃の日本の姿を知らないでしょうし、豊かさを実感することもなかったでしょう。

現在大学2年生のあなたは、幼少期からずっと景気が悪い世の中を見て育ったのでしょうね。

就職は、その学生の能力や成績よりも、その時の経済状況に大きく左右されます。数年前までは、人手不足が慢性化しており求人率も高く、学生にとっては有利な状況でした。しかし、新型コロナウイルスの影響で求人率は低くなり、内定が取り消されるなど、ここしばらくは就職率の悪化が予想されます。

そんななかで、不安を抱えながらもできることをしているあなたは立派だと思います。

不景気な世の中を恨めしく思ったり、生まれた時代を呪っても仕方ありません。何か具体的にできることをしていた方が、気分的にも落ち着くでしょうし、資格を取得することは自信につながるでしょう。

「資格を取りまくっても不安」というのは、ある意味しょうがないことかもしれません。

資格取得の動機が「就職できないかもしれない」という怖れだからです。人は恐怖や不安から何かをするときは、怖れが大きければ大きいほど、それに執着します。どんなに資格を取得しても、これでは足りないのではないかと思ってしまうのはそのせいです。

資格を増やしても、その不安の根本は取り除くことはできないかもしれません。

むしろ、就職活動が始まる前に、もう少し将来のことを考えてみてはどうでしょう。

あなたは就職することが当面の目標になっているようですが、どんな仕事をしたいと思っていますか？　世の中や人々に、仕事を通じてどんな貢献をしたいのですか？

仕事とは、人がお金を稼ぐ手段。お金がなくては生きていけないので、仕事を得ようとするのは当然です。お金を得るということは、自分の能力や時間、技術などを差し出すこと。それによって、世の中や人々に何か(商品やサービスなど)を提供することです。

つまり、自分は世の中に何を、あるいはどんなことを提供したいのか。そう考えていくと、就職という枠にとらわれずに、仕事や将来を考えることができます。

今のあなたは就職することが人生の目的になっていますが、就職は人生の目的を叶えるためのきっかけであって、人生の目的にはなりません。

自分はなんのために生きるのか。なんのために生まれてきたのか。

就職戦線で忙しくなる前だからこそ、この問を自分に突きつけてみてはどうでしょう。

「それが本当にあなたの人生の目的ですか?」と問いかけるのが仏教であり、問い続けることが私たち僧侶の仕事なのです。

夢や目標は持たないとダメ？

親や学校の先生から
「夢を持て」とか「人生の目標をつくれ」
と言われます。
今、自分には得意なことはありませんし、
将来の夢もありません。
人生の目標や夢がないまま
生きていくのはいけないのでしょうか。

夢がなくても大丈夫。ただ生きていてもいいのです

夢を描いて、それに向かって努力する。

現代では、それがひとつの宗教のように蔓延しているような気がします。

メディアやSNSでも「夢を追う人」が支持され、賞賛されています。

もちろん、夢を持つことや、それを実現するために努力してもいいと思います。

でも、夢を持たないといけないのかと問われたら、そんなことはないと私は答えます。

私には、現代では夢や人生の目標を持つということがあまりに過大評価され、それに押しつぶされそうになっている人も少なからずいる気がするのです。

もしも、現在何に対しても夢中になれず、興味や関心が抱けなかったとしても、

それは悪いことではありません。

仏教的には、人間は迷いの中を生きているのであり、それはある意味で夢の中にいるようなものです。

夢の中にいながら、さらに夢を見ようとしなくてもいいのです。

自分の中に、あこがれや夢や希望が芽生えたらそれを追い求めていけばいい。けれども、「夢を持つべきだ」という世の中のプレッシャーに負けて、わざわざ夢を探す必要はないと思います。夢を持てないという自分の声に従えばいいのです。

「何者かになりたい」「夢を実現して成功したい」といった願望は、世の中的にはポジティブなもの。でも仏教的には、それも煩悩であり、欲でしかありません。

人間がこの世の中に今いること自体、はかりしれない因縁の結果です。

その命を大切にしてただ生きていくことは、それだけで十分に尊いと私は思います。

大人たちの意見や世の中の風潮に流されて、ただ生きていくことを否定したり、無理矢理夢を持とうとしなくてもいいのです。


アップルの創始者・スティーブ・ジョブズは、17歳の時にある言葉に出会いました。

「1日1日を今日最後の日として生きよう。いずれその日が本当にやってくる」

この言葉に出会ってから、彼の人生は変わったといいます。

毎朝、鏡を見て「今日が人生最後の日だとしたら、今日やることは本当にやりたいことだろうか」と自問自答する。禅に傾倒し、瞑想を習慣としていたジョブズらしいエピソードです。

今この瞬間を、精一杯に生きる。

仏教では、元々それこそが大切だと説いています。彼方にある夢や理想に自分を合わせるのではなく、あくまでも今この時の自分をみつめる。そのうちに、なんらかのご縁が生じてやるべきことと出会ったら、それを人生の目標とすればいいのです。

成功して「何者かになりたい」

私の夢は起業家になることです。
事業で成功して、お金持ちになりたいです。
そのために、さまざまなセミナーに参加して、
本を読んだり勉強したり、がんばっています。
でも、なかなか思うようにいきません。
特にビジネスでなくても、大きなことを成し遂げて
「何者かになりたい」と思っています。
成功するには、どうすればいいのでしょうか。

何者かになるのではなく、自分が何者かを知る

現代は先行きが不透明な時代です。終身雇用制度も崩壊しつつあり、一生安泰と思われるような仕事はないと思った方がいいのかもしれない…そんな思いから起業を志す若者が増えているそうです。

あなたは将来のビジョンを描き、自分が今できることを精一杯やっているようですね。それ自体はいいことだと思います。多分あなたは成功するためのセミナーに参加して、成功者が書いた本を何冊も読んだのでしょう。それでも思うようにいかないということは、そう簡単に人は成功できないということなのでしょうね。

「何者かになる」というのは、青春期に人が抱きがちな大志です。

しかし仏教には、成功するためのノウハウや何者かになるための方法はありません。

仏教とは、自分が何者かになるのではなく、自分が何者かを知るための実践的な教えだからです。そのために、「諦観《たいかん》」という行為が必要とされています。

諦観とは、現代では諦めることを意味しますが、仏教では「あきらかに見る」こと。

現実をあきらかに見る。つまり、因果の道理を直視するということです。

仏教では、蒔かない種は生えませんが、蒔いた種は必ず生えると考えます。

出来事には必ず因果があり、それ(原因)をあきらかに見ることが重要です。物事をできるだけありのままに見て、それを受け入れる。それでもうまくいかなければ対策を考え、それを実践する。これを繰り返して行うことで、悪い種を蒔かずに少しでもいい種を蒔こうとする。そうすると、未来にはいい花が咲く可能性があります。
これはあなたが考える成功とは、少しちがうかもしれませんね。

浄土真宗は、他力の仏教です。現代では「他力本願《たりきほんがん》」とはいい意味では使われませんが、本来の他力とは、自分の力を過信してどうにかしようとはせず、仏様にすべてをお任せするという考え方です。

あなたは成功するために、日夜がんばっています。今の世の中では、がんばることはいいこととされ、真面目で優秀な人ほどがんばります。同時に、がんばれない人はダメな人、落ちこぼれとする風潮もあります。
「がんばる（頑張る）」の語源は、「我を張る」。自分を押し通し、人を蹴落として、自分の利益を何よりも優先させることです。それは他力とは真逆の生き方です。

もしもあなたが、がんばることに疲れた時、自らが目指した成功に疑問を感じた時は、ぜひ一度自分の心の内を「諦観」してみてください。

起業することへの不安

私はデザイン会社で3年間働いてきました。
先日、デザイナーの先輩から一緒に起業しないかと
声をかけられました。
でも「こんな不景気な時にうまくいくはずがない」
と、親や知り合いからは反対されています。
正直、私も失敗するのが不安です。とはいえ、今のままでは
お給料も安く、自分のやりたい仕事もできません。
どうしたらいいでしょうか。

失敗しなくては得られないものもあります

独立や開業といった大きな転機を前に、不安になって相談にくる人は少なくありません。

きっとあなたは3年間、がんばって仕事をしてきたのでしょう。だからこそ、「この人となら一緒に起業できる」と声をかけられたのですね。

新しいことに挑戦したら、成功するかもしれないし、失敗してしまうかもしれない。

失敗するぐらいだったら、今の仕事を生活を続けていれば、何かを失ったり傷つくこともない…そう思うと、決心が揺らいでしまうのでしょう。

今持っているものを失いたくない、敗けたくないと思うのが私たちです。

たしかに失敗したら失うものもあります。しかし、得られるものもあります。

大きな失敗をしたら、人生のどん底に突き落とされます。そこから何が見えるでしょうか。世の中や人々の様子がまるでちがって見えるのではないでしょうか。

その景色は、どん底に落ちなければ見ることができなかったものです。

また、そこから這い上がるために、あなたは必死になって対策を考え、情報を集め、人に出会い…ありとあらゆることをしようとするでしょう。その時、それまでにないほど集中力が高まり、思考のスピードも早くなっている自分に気づくかもしれません。また、以前の自分では考えられないほど、大胆な行動に出ることもあるでしょう。

その経験すべてが、失敗によって得られるものです。

今あなたは、もしも共同事業に失敗したらどうなるのか、頭の中でシミュレーションしているかもしれません。でも、どんなに詳細にリスクを並べて、その状況を思い浮かべてみても、現実の出来事とは比べものになりません。

人生のどん底から見た世界、そしてそこから這い上がるために考え、行動すること。

それらは、どんなに大金を出しても体験することはできません。

そして、その体験によって、あなたは強く、賢くなることでしょう。大抵のことにはびくともしない、いい意味でのしぶとさを獲得すると思います。

また、人生経験を積んだことで、同じような状況にある人、苦労して這い上がろうとしている人の気持ちを深く理解してあげることができると思います。その人の話を聞いてあげたり、アドバイスをしてあげることもできるはず。それによって、どんなにその人は気が楽になるでしょう。

企業の経営者には、なんともいえず懐の深い、味のある人物が多いものです。その理由は、彼らが人生のどん底に突き落とされ、そこから這い上がってきた経験によるものだと私は思っています。

気力や体力がある若いうちに失敗をしておくことは、その後の人生をより豊かに、面白くすることにつながるのです。

非正規雇用で貯金も少ない

非正規雇用の仕事をしています。
近年ますます景気も悪くなり、雇止めにされてしまうのでは？
と思うと、とても不安です。
貯蓄もたくさんはないので、このままコロナが収束しないと
生活できなくなりそうです。

現在の雇用状況を調べて、現状を把握する

新型コロナウイルスの感染拡大に伴って、私のところにも、同じような相談が多く寄せられるようになりました。

「自分の仕事は大丈夫なのか」「契約が切られたらすぐに新しい仕事に就けるのか」と不安を感じている。この場合は、36ページの不安とは異なり、心配に近いかもしれません。ずっと仕事ができるかどうかを、自分で決める立場にはありません。だから、会社や雇用主の決定に従うしかないのです。

この場合は、不安から離れる必要があります。

今できることをする。そこに心のエネルギーを集中するのです。

たとえば、社会の状況、経済環境を、自分の目線で捉えること。ネットを使っ

て、求人やアルバイトの情報を調べてみましょう。すると、今どんな業界が人手を求めているのかがわかります。

コロナ禍であっても、すべての業界の景気が悪いわけではありません。外食産業や小売業は不景気でも、ドラッグストアや薬局、コンビニなどは忙しく、臨時ボーナスが出た会社もあるようです。また、ある調査会社のリサーチによると、2020年4月以降は、建設業や農林水産業、メンテナンスや警備、情報サービスなどの業種が人手不足に陥っているそうです。

あなたの専門分野の業界はどうでしょうか。もしも求人が多くないようであれば、この際、異業種で働くことも考えてみる必要があります。

また、友人や知り合いなどと連絡をとって、情報を集めてみるのもいいかもしれません。犬も歩けば棒に当たる。動いてみると、思わぬご縁に巡りあうこともありますよ。

まだ起こってもいない悪いことを想像して不安を抱えていても、新しい仕事に出会う確率はほとんどありません。

将来に対して具体的な心配事がある時は、それに備えることに注力しましょう。万が一、最悪の展開になってしまったとしても、自治体の窓口などに行って相談してみてください。

どんな人生であれ、まずは生きることが先決。生きるために考え、奔走し、場合によっては人や公的機関に頼ることはちっとも恥ずかしいことではありません。むしろ人間として尊いことです。

今の状況がずっと続くことはありません。自分の心と身体、頭を使って、今できることをやってみてください。

コロナに感染することへの恐怖

これといった持病もなく、健康だけが取り柄の私。

でも、年齢や病気の有無にかかわらず、

新型コロナウイルス感染症になるリスクがあると知り

とても驚きました。また、若い人でも死亡することもあるとか。

今までにない不安を感じています。

コロナを予防しながら、生命の尊さをみつめ直してみる

新型コロナウイルスが私たちにもたらした、もっとも大きなショックは、「自分たちの生命が脅かされている」ということかもしれません。死を強く意識し、怖れているのです。


仏教では「生は偶然、死は必然」とされています。

広い大海原の真ん中に、小さな小さな板が浮かんでいて、その真ん中に小さな穴があいている。100年に1度ウミガメが空気を吸うために海面から顔を出す。その頭がたまたま穴に嵌ってしまった…。

人間がこの世に生まれたというのは、それと同じぐらいのきわめて稀な確率で

あるという、仏教の説話があるほどです。

つまり、私たちがこの世に生まれたのは、ほとんど偶然のようなもの。ところが、死となると話は別です。人間は生まれた以上、絶対に死ぬ。これは避けることができない、必然なのです。

しかし、私たちは死が必然であることを、普段ほとんど忘れて生きています。

そう私が言うと、

「いや、そんなことわかってますよ」

とだれもがおっしゃるが、それは「死というもの」を頭で理解しているだけで、「自分が死ぬ」ことを意識しているわけではない。

死と生は一枚の紙のようなものです。表が生なら裏は死。必ずセットになっていて、どちらか一つだけを求めることはできません。人間は、生まれた瞬間から死に向かって歩んでいるのであり、生きているということはいつも死と共にあるのです。

ところが、平和で安全な社会に生きていると、ほとんど死を意識することがありません。また、近年ではほとんどの人が病院で亡くなるため、日常生活の中で死を見る機会もなくなってきました。

現代人にとって死とは暗く恐ろしいもの。できるだけ見たり考えたりしたくない「禁忌」なのです。


しかし、今回の新型コロナウイルスの感染拡大によって、私たちはいきなり死の恐怖を感じることになりました。

目に見えないウイルスによって感染し、重症化するとあっという間に死に至る。その場合、家族は死に目に会うこともできず、葬儀もできない。

今まで映画や小説でしか知らなかった、パンデミックの怖ろしい場面が現実のものとなったのです。

僧侶として、普通の人よりは死に近しい仕事をしている私ですら、やはり感染するのは怖いですし、死のリスクを感じています。

新型コロナウイルスの影響による死への不安。それは世界中のだれもが感じていることだと思います。

私は仏教を伝える者として、今回のコロナ禍は特別な機会でもあると思っています。

それは、眼前に死を意識して、不安や恐怖におののくというネガティブな側面だけでなく、生命の尊さや大切さをあらためてみつめ直すポジティブなご縁をいただいたということ。

それによって、少なくとも自らの生きる意味や人生の価値について、考え直す大切なご縁になったことは間違いありません。

また、日常の今ここでの人との別れが、今生最期の別れになるかもしれない。その重大で厳粛な事実を通して、共に生きる命の大切さにも気づくことができたのではないでしょうか。


新型コロナウイルスを予防するための手段――手洗いの励行やマスクの着用、三密を避けることには、人に感染させないという大きな目的もあります。仏教ではこうした行為を「自利利他円満《じりりたえんまん》」といいます。自分だけの利益を求めるのではなく、他に利益を与えることによって、共に円満な関係を築くという意味です。

新型コロナウイルスの流行が、歴史的な悲惨な出来事で終わらずに、新しい人生の意味と価値を生み、尊い人間関係を育むご縁になることを念じてやみません。

コロナ情報、何を信じればいいの？

新型コロナウイルスについて、
テレビのワイドショーでは感染症の専門家や医師が
いろんなことを主張しています。
ＳＮＳでも、さまざまな情報が飛び交っています。
私は自営業をやっているので、今後の方針を立てたいのですが、
どの情報を信じたらいいのか分からず、不安になります。

情報の断片に踊らされないように

新型コロナウイルスの件で私が驚いたことのひとつに、こんなにも科学や医療が進歩しているのに、まだまだ解明できず、対応できないことがあるのだな…ということです。

しかし、よく考えてみたら、人類の歴史には常に感染症との戦いがあり、インフルエンザだって一応ワクチンはあるけれど、決定的な治療薬があるわけではありません。

医学や科学は、過去に起こったことを分析して、そこから解決策を生み出すことは得意です。しかし、今までになかったこと、未知なるものに対しては、そう簡単に理解したり、解決したりはできないのだと、あらためて感じました。

新型コロナウイルスの感染が拡大した第一波の時期には、テレビのワイドショーにさまざまな専門家が登場し、自説を唱え、そのたびに視聴者側の常識が揺さぶられました。

次々と現れる専門家たちが、他の人の主張を否定したり、論争になったり……と、たしかにだれを信じていいのかわからないという気持ちになりましたね。

SNSのタイムラインは、たくさんの人の意見が次々と流れてくる便利なツールです。しかし、あなたのタイムラインには、いつのまにか似たような意見の人、自分と同じ考え方の人たちの投稿ばかりで埋まっていませんか?

私たちは、第三者の意見を眺めているようで、実はフォロー機能を使ううちに、自分の意見を裏付けるような投稿ばかりを集めてしまう傾向があるそうです。反対に気に入らない意見、反対意見を言う人はブロックすれば消えてしまう。実に便利なツールですが、現実社会ではこうはいきません。

新型コロナウイルスの感染拡大に伴い、視聴率を稼ぎたいワイドショーなどは、ちょっと暴走気味だったと思います。その一方で、きちんとエビデンスを踏まえて、検証している特集番組などは非常に役に立ちました。SNSでも、しっかりとした研究をされていて、専門家ならではの意見をこまめに投稿されている人もいらっしゃいます。

巷では「正しく怖れる」という言葉も、よく聞くようになりました。

この出典は寺田寅彦の言葉です。寺田寅彦は物理学者であり、夏目漱石の門下生として、すばらしい俳句・随筆を著したことでも知られています。

「正しく怖れる」とは、浅間山が小噴火した時の人々の様子を見た寺田寅彦が「ものをこわがらな過ぎたり、こわがりすぎたりするのはやさしいが、正当にこわがることはなかなかむつかしい」と述べた感想に由来するそうです。

実際、今回のことで、私たちも正しくこわがることの難しさを日々痛感しています。

あてにならない情報に踊らされるのも、きちんとしたソースの情報を得て役立てるのも、すべて情報を入手する私たち次第です。

たった一つのツイートや情報の断片などに過剰に反応せず、その前後や反対意見なども一緒に読みながら、ご自身の将来予測に役立ててください。

コロナの終息が見えなくて不安

新型コロナウイルス感染症について
先が見えないことが不安です。
他国と比べると、日本の感染者数・死亡者数は
多くありませんが、
経済や社会生活への影響も心配です。
コロナウイルスに打ち勝つことはできるのでしょうか。

新型コロナウイルスの原因の一つは人間の行動。共生の道をさがしましょう

新型コロナウイルスの感染が拡大するとともに、人間がどのようにこのウイルスとつきあっていけばいいのか——という議論がされるようになりました。「ウイルスに打ち勝つ」「ウイルスに負けるな」という合言葉は魅力的ですが、科学的には疑問視されているようです。

ウイルスは人類を攻撃する邪悪な敵なのでしょうか？　私たちは何も悪いことをしていないのに、突然ウイルスが人間社会に病気をもたらしたのでしょうか？　新型コロナウイルス感染症やスペイン風邪の原因となるウイルス、またマラリヤや結核を起こす細菌。歴史に残る多数の死者を出した感染症や伝染病の原因と

なるウイルスや細菌は、人類の敵と考えがちです。

しかし、人間はウイルスや細菌を取り込むことによって、生物的に進化を遂げ、繁栄したという歴史があります。ある細菌を「ミトコンドリア」として体内に寄生させたことで、酸素を取り込めるようになったり、ウイルス由来の遺伝子によって胎盤が形成されるようになったり…と、ウイルスや細菌がなかったら、人類や地球は今の状態とはまったくちがったものになっていたでしょう。

そう考えると、人間に有用なウイルスや細菌だけは取り込んで、それ以外を敵視するのはちょっと都合が良すぎるという気もします。

また、新型コロナウイルスの起源はコウモリといわれてます。コウモリは空を飛べる唯一の哺乳類。幾千万ものウイルスを持っていて、それが人類に伝播すると、重大な病気を引き起こす危険性があるそうです。ＭＥＲＳやＳＡＲＳ、エボラなど、20世紀以降に流行した感染症の因となったウイルスもコウモリ由来のものだとか。

なぜ、そんな危険なウイルスが人間に感染するようになったのか。その理由の一つは、人間による森林の伐採、そして地球温暖化にあるといわれています。いずれも人間が、野生動物が暮らす自然環境を破壊したことが原因といえるでしょう。

となると、ウイルスによる感染症の発生に無関係どころか、私たちの行動によってウイルスを呼び寄せたといっても過言ではありません。


仏教では、あらゆるものは直接的な原因(因)と間接的な原因(縁)が相互に関わり合って存在し、変化していると考え、これを「縁起《えんぎ》」と名づけました。

一人ひとりの人生も縁起によって成り立っています。人との関係や社会全体、そして新型コロナウイルスのような地球規模の事象についても縁起がはたらいているのです。

私たちの行動が原因の一つとなって生まれたウイルスならば、「打ち勝つ」という考え方は少しちがうのかもしれません。

人間は新型コロナウイルスとどのようにつきあい、生きていけばいいのか——。

今後は、そういった視点ももちながら、新しい生活様式を考える必要があるかもしれませんね。

老い、病気への恐怖

父親に認知症の症状が出始めました。
介護する母も糖尿病で具合が悪そうです。
私は来年、40歳になるのですが、
そんな両親を見ていると年をとるのが怖くなります。
老いて、病気になって…
この先の人生、つらいことばかりのように思えて
生きていくのが不安です。

・老いによって執着を「手放す」経験ができるでしょう

「生老病死」は、人生で避けることのできない根源的な苦しみです。

お釈迦様が悟りを開く前は、悉達多太子《シッダールタ》という名前でした。幼くして母を亡くし、多感で考えこみがちな太子は、結婚して王宮で華やかな暮らしをしていても、物思いに沈むことが多かったといいます。

ある日、太子は城外を散策することにしました。東の門から出ようとした時、やせ衰え、杖をついて歩く老人と出会いました。

「自分もあのように老いていくのか」

と太子は暗い気持ちになりました。別の日に南の門から出ようとすると、病人が倒れているのを見かけました。西の門から出る時には、死者を送るお葬式に出くわしました。

最後に太子が北の門から出ようとした時に、気高い修行者に出会い、自らも出家を決意しました（四門出遊《しもんしゅつゆう》）。

人間は生まれた以上、必ず老いて、病み、そして死んでいく。そこに人生の苦しみがあると知った太子は、この苦しみを解決して、人々に安らぎを与えたいと思い、道を求めて出家したのです。

それから約2500年経っても、「生老病死」は人間にとっての苦しみであることは変わりありません。この四つの苦しみにおいては、人間は平等なのです。

どんな人でも「老い」を避けることはできません。「老い」に不安と怖れを感じている人は少なくないと思います。

「老い」の怖さの根本には、「失うこと」があります。

人は年をとると、若い頃に維持していた健やかな身体や知能、エネルギーなどを、徐々に失っていきます。

また、若い頃には何の苦もなくできていたこと——歩いたり走ったり、重い物を持ったりすることができなくなってしまいます。

白髪や皺が増えたり、物忘れがひどくなったり、足腰が悪くなったり…心身に老いの兆候を見つけるたびに、人は憂い、悲しむのです。

私自身もそうですが、人は得ることは喜んでしようとしますが、失うことにはあまり慣れていません。だからなおさら、老いが怖く、不安を感じるのかもしれません。

また、老いとは、ちょっと皮肉な形で人間に影響を与えます。それは、自分にとっての魅力や長所ほど、失う時のダメージが大きいということです。

若い頃美しかった人ほど、老いることに怖れを感じます。また、エネルギッシュに動き回っていた人ほど、身体の衰えは堪えます。知能を誇っていた人は、物忘れをする自分が許せないかもしれません。多くを持っていた人ほど、失うものも多く、つらいのです。

どんなに努力をして若さを維持しようとしても、老いることは止められません。ご両親が老いて、変わっていく姿を見て、あなたが将来に不安を感じることは当然といえるでしょう。

生老病死の一つである「老い」は、すべての人間にとっての苦しみです。老いることから私たちが学べることの一つに、「手放す」ことがあります。

仏教では、人間の苦しみを生む原因として、「執着」があると考えます。

人は自分自身やもの、お金に執着して、それらにとらわれて生きています。現代社会に生きながら執着をやめるのは非常に難しく、それこそ出家でもしない限り無理かもしれません。

しかし、老いることによって、自ら手放さなくても、私たちは自然と若さや健康を失っていきます。それに抗うことなく、淡々と受け入れることは、もしかしたら手放すことに近いのかもしれません。

また、自らが当然のように所有し、使ってきた身体や頭脳が、どんなに優秀で貴重なものだったかということにあらためて気づき、それらによって生きることができた若き日々に感謝することもできるでしょう。

自分が持っていたものを一つひとつ失っていく。それは、決してうれしいことではありませんが、死に向かう人間にとっては欠かせないプロセスでもあります。

これから先の人生、それをどんな風に味わっていけばいいのか。あなたがすてきだなと思う人生の先輩たちから、「老い」を学んでみてはいかがでしょうか。

第4章

自分にまつわる不安

ネガティブで弱気な自分が嫌い

私は自分の性格が嫌いです。
ネガティブで弱気で、ひがみっぽい…。
どうにかして自分を変えたいと、
心理学や自己啓発の本を読んで
いろいろと努力してきましたが変わりません。
このままでは、一生幸せになれないのではないかと不安です。

自分の力で心は変えられません。環境や人間関係を変えるという方法もあります

ネガティブで弱気で、ひがみっぽい。自分の欠点を知っていることは、意味のあることです。

でもそれは、慎重で気が優しくて、自分に厳しい…ともいえるのではないでしょうか。

そんなことを言っても、あなたにとっては気休めにしか聞こえないかもしれませんね。「自分が嫌い」ということは、それだけ自分に対する執着が強いということでもあります。

仏教では、諸法無我―「すべては縁起（つながり）の中で変化しており、すべて

のものに実体がない」と考えます。

自分というものも、単独で存在する実体ではなく、さまざまな縁起のなかで存在するのです。

心も同様に実体はありません。だから、心を変えるということ自体不可能なのです。

よく「心を入れ替えてがんばります」などと言う人がいますが、心を入れ替えるとは具体的にどうするのでしょうか。

腕や足が傷ついたりケガをした場合は、薬をつけたりギプスをつけたりして治療をします。物理的に外部から刺激を与えて治すわけです。

でも心が傷ついたり、壊れた場合はどうすればいいのでしょうか。心とは明確に目に見えないので、外部から直接刺激を与えることはできません。また、心自体が傷ついたり、壊れているのに、「がんばる」とか「癒す」など、心を作用させることも難しい。

つまり、自分の心を思い通りに変えたり、入れ替えたりすることはできないのです。

諸法無我という考えに則ってみると、自分の心が関わっている縁起を変えることで、何かが変わっていくかもしれません。

たとえば、環境や人間関係を変えてみるのはどうでしょうか。

もちろん、いきなり職場や住居を変えることは難しいでしょうし、今までの人間関係をすべて切って、新たな人間関係をつくるのも現実的ではありません。

今までの仕事や生活を続けながら、少しだけ行動範囲を広げてみましょう。

たとえば、ぶらりと立ち寄ったカフェやバーで「なんか気持ちがいい空間だな」と思ったら、そのお店に何度も通ってみる。

職場と住居以外の、いわゆるサードプレイスをもつことで、気分転換ができるでしょうし、何か新しいビジョンが頭に浮かぶかもしれません。

あるいは、ダンスや音楽などの趣味があるなら、そのサークルやＳＮＳなどに参加してみる。仕事でも家族でもない、利害のない人間関係は、その時だけの浅いつきあいができて、ストレスを感じることも少ないでしょう。今までとは違う環境や人間関係によって、あなたの新しい部分が引き出され、何かが変わることもあると思います。

社内評価が低くなってつらい

今まで私は、チームをまとめてプロジェクトを遂行する
リーダー的な存在でした。
上司や同僚にも一目置かれ、仕事も楽しかった。
今年、同期の女性が異動してきました。
彼女はとても優秀な人なので、
プロジェクトリーダー役も任されることに。
現在は自分の存在価値が感じられず、
仕事に行くのがつらいです。

他人の評価はあてになりません。確固たる評価軸を持ちましょう

あなたは、上司や同僚による評価が自分の価値だと思い込んでいたのですね。異動してきた女性社員より評価が低くなってしまい、自分の価値も下がったと感じて、自信を失ってしまったのでしょう。

仏教では、本当の自分を知るには三つの鏡があるとしています。

一つは「他人鏡」。他人の目に映っている姿を自分だと思うことです。職場や家庭などで、ちょっといいところを見せようとしたり、見栄を張ったりするのは、「他人鏡」がその人にとって重要だからです。

しかし、他人の評価なんて、ほとんどあてにならないもの。あなたのケースが

まさにそうでしょう。職場でのあなたへの信頼や尊敬は、新しい人がやってきたら失われてしまった。

ちょっとしたミスや噂で、人気や評価がガラリと変わってしまうということもよくあることです。「他人鏡」はそれぐらい空しいものだということです。

とはいうものの、昨今ではSNSなどによって、他人からの評価を重要視する「承認欲求」が強い人が増えています。

「いいね」をもらうために、毎日さまざまな場所に行って「映える写真」を撮影したり、画像にかなりの加工を施したり…。他人――しかも会ったこともない赤の他人の評価を真に受けて、それを本当の自分だと思う。かなり歪んだ自己認識だと言わざるを得ません。

二つ目は「自分鏡」です。

これは、何かあった時には自分の良心に照らし合わせて、反省したり、自己を振り返ったりすること。

内省的であることは悪いことではありません。しかし、人間は往々にして自分には甘いもの。自分鏡に映った自分は、多少実物よりは美化されているはずです。自分鏡でも、人は他人と比べて自分を見ようとします。

ちなみに仏教では、「慢」という煩悩があります。容姿や収入、能力など、さまざまな条件を他人と比べ、自分を過大評価したり自惚れることです。慢を七つに分類したものを「七慢」といいます。

一、**慢**　自分より劣った人には自分が優位であると自惚れ、自分と同等の人には闘志を燃やす。

二、**過慢**　自分と同等の人には自分が勝っているとし、自分以上の人を同等と見なす。

三、**慢過慢**　自分より優れた人を見て、自分はさらに勝っていると考える。

四、**我慢**　自分本位で、自負心が強い状態。

五、**増上慢**　悟っていないのに悟ったと思い、おごり高ぶること。

六、**卑慢**　非常に優れた人を見て、自分は少し劣っていると思うこと。

七、**邪慢**　間違った行いをしても正しいことをしたと言い張り、徳がないのにあると思うこと。

私たちはこれだけの慢を備えているのですから、自分鏡に映してみても、本当の自分の姿など分かるわけがありません。

三つ目の鏡は「法鏡」です。

「仏法は法鏡なり」といって、お釈迦様が私たちに授けてくださったのが法鏡。

「法」とは、三世十方を貫く真実のこと。三世は過去・現在・未来。十方とは、東西南北上下四維（北東、北西、南東、南西）。つまり、いつでも・どこでも、変わることのない真実のことです。

法鏡に自らを映すということは、仏法を聞くということ。

仏法を聞けば、「他人鏡」や「自分鏡」では見ることのできなかった自分が見えてくるはずです。

法鏡を見れば見るほど、「自分って、こんな人間だったのか」と愕然としたり、恥ずかしくなったりするかもしれません。

あてにならない「他人鏡」ばかり見ていると、いつのまにか他人に振り回されたり、自分を見失ってしまうこともあります。

揺らぐことのない「法鏡」こそが、本当のあなたの姿を映し出すことができるのです。

人とちょっとズレている

私は人と比べてちょっと変わっているような気がします。
世の中の出来事やニュースなどについて
学校で友だちが話しているのを聞くと、
私が抱いた感想と全然ちがいました。
（もしかしたら私は変わっているかもしれない）
と思うようになり、自分の正直な意見を
言わないようにしています。
この先、人とうまくやっていけるかどうか不安です。

心を閉ざさず、人と自分の違いに興味を持ってみましょう

「みんな違って、みんないい」

この言葉をいろんな場所で聞くようになり、日本も多様性に寛容な社会になりつつあるのかな…と思います。人種や性別、さらには障害の有無など、見た目に違いが明らかな場合でも、違いを認め合っていこう…という機運は昔よりもあるように思います。

しかし、ほぼ同質の者の間で、ちょっとした違いがある。この場合は、ちょっと厄介でセンシティブかもしれません。

学校や会社などで、変わり者扱いや差別を受けたくないというあなたの気持ちは分かります。全員と仲良くしたいとまでは思っていなくても、無駄な軋轢など

は避けたいですからね。

人間は、自分の都合のいいように物事を見て、判断します。あなたとみんなの見方が違うというのは、多分、みんなにとっての都合のよさと、あなたにとっての都合のよさが違うということでしょう。どちらが正しいというものではありません。


浄土真宗の中興の祖である蓮如上人は、ある日、門弟を集めて、本願寺の庭にある松の木を指してこう言いました。

「あの松の木をまっすぐに見なさい」

門弟たちは、右に行ったり、左に行ったり…みんなで松の木を取り囲んで悩んでいます。

なぜなら、その松の幹は大きく曲がっていて、どうやってもまっすぐ見えないからです。

(でも蓮如上人がそうおっしゃるなら、きっとまっすぐ見る方法があるはずだ)

と、門弟たちは、一休さんに助けを求めました。話を聞いた一休さんは、

「蓮如上人はまた面白いことを…。あの松の木をまっすぐ見よとおっしゃったのか」

「はいそうです。でもどんなに知恵を絞ってもまっすぐには見えませんでした」

「まっすぐ見よとは、あの松は曲がった松だと見ることじゃ」とおっしゃった。

本願寺に帰った門弟たちが蓮如上人にそう答えると「たいしたものじゃ」とほめられたそうです。

曲がったものを、曲がったものと見るのが、すなわち「まっすぐものを見る」ということです。曲がったものは、どう見たってまっすぐ見えるはずがない。そ

れでもどうにかしてまっすぐ見ようとしてしまう…これが人間です。

これでは、ものの本質など見えるはずがありません。

お釈迦様の智慧《ちえ》とは、「ありのままに見る」こと。

私たちの目は自分中心で、自分に都合よく見るため、いわば色眼鏡をかけているようなもの。でもお釈迦様の智慧は、知識ではなく、ありのままを見ることによって、ものの本質が見えてくるのです。

人間にはお釈迦様のような智慧はありません。智慧の光に照らされることのない「無明」の状態にあることが、人生の苦しみの原因とされています。

少しでもありのままに見ることができれば、人生に苦しみを増やすことを避けられます。自分中心の見方をやめれば、人とわかりあえることもできるでしょう。敵と味方に分かれて、意味のない争いをすることも少なくなると思います。

だからこそ、智慧をもつことはできなくても、物事をありのままに見ようとする努力をしていきたいものです。

あなたの不安は、自分のものの見方が人と違っているかもしれないということでした。

あなたの学校や会社の人たちだって、みんな同じ見方をしているわけじゃありません。あなたからはそう見えるだけでしょう。みんな人間である限りありのままに見ることはできずに、自分の好き勝手に物事を見て、喜んだり怒ったりしているわけです。

それならば、「自分は人と違う」と心を閉ざさずに、どんな風に違うのか話を聞いてみたらどうでしょう。ニュースやスポーツの勝敗だって、その見方を通じてその人の人間性や魅力が垣間見える時があります。

（この人は、意外と正義感が強いんだな）とか（普段はものにこだわらないのに、勝負事にはこだわる人なんだ）などと、人間観察をするのも面白いですよ。

話を聞きながら、自分の本音も言ってみたらいいでしょう。みんなの意見と違っていても、「なるほどね…そういう考えもあるね」とか「君は面白いこと言うね」などと、多分あっさりと受け流されると思います。それが世間話というもの。

そこには深い意味や本質的な議論はないかもしれません。

でも、お互いのことをほんの少し知ることができる。それは集団に属するうえで意外と大切で、楽しいことでもあるのです。

トラブルはすべて自分のせい？

仕事も人間関係もトラブル続きです。
仏教の本を読んでいたら、
「今起こっていることのすべては自分に原因がある」
と書いてありました。
悪いことばかりが降りかかるのは、
私の行いが悪かったからでしょうか。

今のよくない流れを変えることができるのはあなただけです

重い病気にかかったのは、過去の行いが悪いから──。

これ、けっこう信じてしまう人が多いのです。突然大きな病気が発覚すると、動揺して、いろんな情報を鵜呑みにしたり、他人の無責任な発言を信じてしまったりするのですね。

人間は、想定外の大きな災難に遭遇すると、それをどうにか自分の力で理解したいと思うものです。「過去世の業が悪かったからこうなった」という物語をつくって、自分なりに受け入れようとするのでしょう。

しかしそれは、「因果《いんが》の道理《どうり》」を間違って受け止めているのです。

仏教の因果の道理とは、決定論ではありません。あくまでも可能性について説いているのです。

それも、一つの種（原因）が一つの果（結果）をもたらす「一因一果《いちいんいっか》」ではなく、さまざまな多くの種が揃った時に、一つの果が生まれる――これを縁起といいます。

過去の行い、もっといえば前世の業が現世に現れた…などと言う人がいますが、仏教ではそんな考え方はしていません。

それはある意味で、あまりにも人間中心、自分中心の考え方です。現実というのはもっと複雑で、実にさまざまな物事が絡み合い、関わり合っていて、人間の理解を超えたものです。

しかも、自分がいい種を撒いたからといって、いい果ができるわけではない。逆に自分が悪い種を撒いても、悪い果になるとも限りません。

また、自分以外の人物、あるいはまったく関係がない（と自分では思っている）

人が撒いた種に巻き込まれてしまうことだってあるのです。

ただ一つ覚えておいてほしいのは、一つの結果に至るには、いろいろな種が必要ですが、その中の一つには自分が絶対関わっているということ。

すべて自分が悪いわけではないですが、全く関係がないということはない。

なぜあえてこんなことを言うのかというと、自分に非があると認めたくないから因果の道理を使う人もいるからです。前世の業やご先祖様の業などというのは、責任逃れの妄語と言わざるを得ません。

今あなたが感じている悲しみやつらさは、少なからず自分が撒いた種が関わって生まれたもの。でもこれで終わりではなく、未来に向かって種を撒けるのも自分です。今のよくない流れを変えられるのはあなただけなのです。

あなたは仕事も人間関係もトラブル続きと言いますが、そこには何か傾向がないでしょうか。あなたが陥りやすいパターン、予想外のことが起こるととってしまう行動…過去を振り返って、自分なりに観察して分析してみるといいと思います。

そのパターンや行動をちょっと抑えてみるだけでも、流れは変わると思います。

仏教では、あらゆることが自分に無関係ではないと考えます。

科学の世界で提唱されている「バタフライ・エフェクト」という概念をご存じですか？　長期的な予測の不可能性を意味するものです。

これは、ある気象学者が行った、「ブラジルの1匹の蝶の羽ばたきは、テキサスでハリケーンを起こすか？」という講演のタイトルに由来するそうです。

一匹の蝶のとても小さな羽ばたきでも、遠くの場所の気象に影響を与えることがある。だとするならば、長期的な予測など不可能だとする考えです。

仏教の考え方はこれと似ています。私たちは、あらゆる命とつながっていますが、そのつながりが人間には見えないだけなのです。バタフライ・エフェクトやネットワークという概念は、現代になって科学者が言うようになりましたが、お釈迦様は二千五百年前から述べていました。


宇宙の果てのことは見えないが、宇宙の果てのことにも影響が及んでいる。宇宙や地球の裏側の出来事がここに現れているのならば、自分の力ではどうしようもありません。でも、そこに自分は関係がないというわけでもない。

そういう考えも仏教的には必要で、つまり不安を感じているとするならば、その不安を生んでいるのは、自分自身でもあるわけです。

こういう考えが自分の中に芽生えると、見えてくる風景は変わります。

それによって、目の前の問題が一気に解決するわけではありませんが、八方ふさがりではないと思えてくる。未来に向かって、新しい種を撒くという希望が湧いてくるはずです。

がんばったのになぜ幸せになれない？

私は比較的真面目で努力型の人間です。
学生時代は勉強を、
社会人になってからは仕事に打ち込んできました。
でも、今が幸せかと聞かれたら
決してそうではないと思います。
できることをやってきたつもりですが、
なぜ幸せになれないのでしょう。

計算ずくの幸せではなく「仕合せ」を求めましょう

現代社会では、効率が重視されます。

いかに早く、そして無駄なく物事を行うか。そして小さなコストで大きなリターンを得るか。生産性や成果主義など、仕事のうえでは、そんなことばかりが求められるようになりました。

だから今の日本人には、その考えが染みついています。

これをやることで自分にどんな得があるのか。

こんなことをするのは、損ではないか。

無意識のうちに頭の中で計算をしているのです。

現代社会における価値とは、お金に換算されるので、それも仕方がないのかもしれません。実際、ビジネスや社会は、そのしくみや制度の裏に、しっかりとした計算がないと、うまく回らなくなってしまいます。

しかし、人生はお金に換算できないものばかりです。

たとえば、自分の趣味をお金に換算してみたらどうでしょうか。1日ゲームをしている時間が5時間として、その分アルバイトをしたとしたら…などと計算されたら、ちょっとシラケてしまいますよね。

ゲームをしている5時間に得られる、没入感やドキドキ、ワクワク…そういったものすべてをお金に換算するなんて馬鹿げているからです。

人間関係も同様です。

A君とつきあうとお金がかかる。B君はお金持ちなので、いつもおごってもらえる。C君とは…なんて、もしもそうやって計算しながらつきあっていたら、なんとなく空しくありませんか？

そうやって選んだ友だちと、本当の友情は築けるのでしょうか。計算ずくでつきあっている友だちが、あなたが本当に困っている時に救いの手を差し伸べてくれるものでしょうか。

計算ずくで得ようとする幸せは「しあわせ」ではありません。

本当のしあわせは「仕合せ」と書くのだと聞いたことがあります。

つまり、計算ずくで手に入れた物（金品など）がたくさんあるだけでは、それは「幸せ」であっても「仕合せ」とは呼べないのです。

本当のしあわせとは、巡り合わせを喜ぶことであり、人生をかけることのできる仕事・人に出会うことともいわれます。

若いとき、勉学に勤しみ、すべてを打ち込めるほどの仕事に出会っているとしたら、あなたはまさに仕合せなのではないでしょうか。

そこから生まれる副産物の多さだけに目を奪われていては、本当のしあわせを見失ってしまいます。

さらに、人と人、生命と生命の出会いは尊いものですが、それは計算してできるものではなく、不思議な巡り合わせによるものです。

そうした出会いに気づき、喜ぶことを、仏教では「ご縁」を喜ぶと言い、「おかげさま」とも言うのです。

今、目の前にあるしあわせを見逃してはなりません。

不安を感じないようになりたい

最近、年のせいか体調の変化に敏感になりました。
ちょっとダルくなったり、熱っぽかったりすると
（感染したのではないか？）
と不安になって、ネガティブなことを考えてしまいます。
不安や怖れを感じながら生活するのがつらいです。
不安を感じないようにするにはどうしたらいいでしょう。

過去や未来ではなく、今この瞬間にフォーカスする

体調の変化から不安を感じる場合は、きちんとした手立てをとって、事実を確かめましょう。現在の症状と、厚生労働省が広報しているコロナウイルス感染症の症状とを比較して、日々検温の記録をつけてください。

その結果、やはり感染が疑われる場合は、自治体が定めた問い合わせ先に連絡をしましょう。

感染の疑いがないとわかっても、不安を感じてしまうことはあると思います。

私たちは、不安と心配を一緒くたにしてしまいがちです。心配とは具体的な何かを気にしたり、心を悩ますこと。しかし不安の場合は、具体的な対象物はあり

ません。

つまり、まだ起こってもないこと、つかみどころがないことに対して怖れを抱く。これが不安です。

悪いことが起こると決まっているわけではないのに、何か悪いことが起こるのではないか？ と勝手に想像して、自分の心を煽っている。これ自体が、恐怖、怖れといえます。

仏教的には、怖れとは人間に本来備わっているものです。

バンッ！ と突然大きな音が鳴ったら、ビクッとするでしょう？ これは感情や思考によるものではなく、一種の反応です。人間が身体をもっている限り、必ずついてくるもので、自分の力で止めることはできません。

つまり、不安や怖れを抱いてしまうのは、新型コロナウイルスという未知のものに対する反応なので、自分の力では止めることはできないのです。

不安のベクトルは常に未来に向かっています。不安が大きく膨らんでいくと、今度は過去を怖れるようになります。つまり「悔いる」のです。

もっと真面目にやっていればよかった、きちんと備えておけば不安を感じずにすんだのに…と、過去の自分を責め、後悔してしまう。

不安と後悔はセットになって、交互に人の心を苦しめます。

たとえば、(新型コロナウイルスの影響で会社が倒産してしまうかもしれない)と不安を感じたら、(もっと安定した仕事を選んでいればよかった)と過去の自分を責める…こんな調子です。

心は未来と過去を行ったり来たりして、とても忙しい。そうすることで、現実を受け入れることから逃れようとしているのかもしれません。

この状態が続いて苦しくなってきたならば、自分の心をみつめてみてください。するると、心が忙しく未来と過去を行き来していること、今を生きていながらこの瞬間に自分がいないことがわかるでしょう。つまり、現在を見失っているのです。

人間は他の生き物よりも、記憶や想像によって、幅広い時間を意識することができます。それゆえに、後悔や不安といった、ネガティブな心のはたらきも起こるのです。

野生に生きる動物たちなら、過去の経験によって培われた生態などはあるかもしれませんが、過去の自分を反省したり、起こるかどうかも分からないことに対して不安を感じることはありません。

それは彼らが、今この瞬間を生きているからです。

よく「目先のことしか考えていない」と批判する人がいますが、目先のことに集中できるのはむしろいいことです。少なくとも余計なことに心を煩わせずにすみますから。

椅子に座って目を閉じて、自分の内側に意識を集中してみてください。

しばらくすると、(明日の予定はどうだったかな)とか、(こないだのプレゼンうまくいかなかったな)などと、心がフラフラと、過去や未来を彷徨《さまよ》い始めます。

心とはそういうものなのです。

意識が過去や未来を彷徨うたびに、今この瞬間に意識を戻す。これを繰り返して、しばらく自分の内側にフォーカスしてみましょう。

そうやって今に集中している瞬間は、不安を感じていないはずです。同様に後悔の念からも自由になっているのではないでしょうか。

人生がつらくて仕方がない

人生がつらくてしょうがありません。
どうして生まれてきてしまったのかと思うこともあります。
昨今の社会情勢で自粛生活が続き、
ひまな時間が増えたせいか、
くよくよとネガティブなことばかり考えてしまいます。
芸能人や著名人の自殺がニュースになると、
正直動揺してしまいます。

「なんのために生きるのか」を問い続ける

有名人が自殺をすると、メディアは騒然。ニュースの記事やＳＮＳの投稿が乱れ飛び、その人の環境や人間関係などがつまびらかにされ、多くの人がこぞって自殺の原因を探ろうとします。

しかし、どんなに想像を巡らせてみても、その原因は本人にしか分からないでしょう。いえ、本人ですら分からないかもしれません。

人間関係や仕事、お金など、明確な理由はあるにしても、それだけではない。悪い意味でさまざまな条件が揃ってしまったのだと思います。

人生はつらくてせつないものだなんて、だれもが知っています。また、「なぜ生まれてきたのか」と考えたことのない人はいないでしょう。ひまな時間に、ネガティブなことを考えるのもよくあることです。

でも、圧倒的多数の人はそういう状況にあっても自殺をしない。たまたま悪い条件が重なった人だけが、自殺を実行してしまう。

その違いが何なのか、未だ私には分かりません。

人から相談を受ける仕事をしていると、やはりあなたのような悩みを抱えてくる人もいらっしゃいます。

かなり思いつめた様子で、つらそうな面持ちの相談者。そんな時は、お釈迦様のお話をしてみても頭に入らないと思い、ひたすら相手の話を聞くことにしています。

私一人の力で簡単に止められるとも思いません。ただ、相談を受けているときは、全身全霊で対応しています。それぐらいしか私にできることはありません。

自殺にまつわる報道では、「周囲に相談できる人がいなかったのか？」「周囲の人はできるだけ気をつけてあげましょう」などというコメントがつきものです。

しかし、相談者の皆さんを見ていると、そんなことは到底無理だと感じます。

家族や友人に人一倍気を使い、心配をかけたくない。

自分がいなくなることで、家族を困らせたくない。

そんな気持ちが強い人だからこそ、自分をどんどん追い込んでしまうのです。だから、何の利害も関係もない、私のもとに来て話をしているのです。それは、相対していて、痛いほど感じます。

だから私は、「泣きじゃくっても、逃げ回ってもいい、必要ならだれかを殴ってもいい」と、相談者に言います。それであなたが生き延びることができるのなら、内側に向けているエネルギーを外に向けて、とにかく生きてほしい……と。

自分が望んだわけじゃない。勝手に親が生んだ——そう思いたい気持ちも分かります。

でもどんなに強い意志を持っても、人間は自分の力だけで生まれてくることはできないのです。

そう考えると、私たちには分からない因縁が揃って人間に生まれてきたのだから、この命は尊いにちがいありません。

与えられた命を尊く受け取って、生き抜くというのは仏教的には大切なことです。

欲と怒りと愚痴を抱えながら、精一杯生きる——それが私たちにできることではないでしょうか。

人生に意味があるのか。

その問いに答えを出すのは容易ではありません。でも、ひとつ言えることは、生きるということは、その問いを繰り返すということです。

何のために生きるのか、人生に意味があるのか——それを自分自身に問い続けるということが、生きるということ。

多分、思惟と経験を重ねることによって、答えが見いだせそうになる瞬間があるかもしれません。でも次の瞬間には、再び見失ってしまう。そうやって迷いながらも、お釈迦様の教えをヒントにして私たちは少しずつ、自分自身や世界というものをあきらかに見ることができるようになっていくのでしょう。

自己肯定感を高めたい

自己肯定感が低いとよく言われます。
もっと仕事を頑張ればよかった…
と思うこともありますが、今は子育てに追われています。
自分のようにならないように…と
自己肯定感が高い女性になるように
娘をほめまくって育てています。
大人になってから自己肯定感を高めることは
無理なのでしょうか。

自己肯定ではなく、すべてを受け入れましょう

いつの頃からか、「自己肯定感」という言葉がよく聞かれるようになりました。

たしかに、自分を肯定する、認めることはいいことだと思います。

自信をもって、さまざまなことに挑戦できるでしょうし、周囲の人とも対等にうまくやっていけるかもしれません。

そういったことも影響しているのか、最近の育児は、「ほめて伸ばす」のが主流のようです。ほめることで子どもが自分に自信をもち、自己肯定感の高い人間に成長する――ということだそうです。

ただ、子どもはとっても勘がいいです。親が本当にすごいと思ってないのに、や

たらとほめてばかりいたら気づいてしまうでしょうね。ほめるためにほめていると分かると、あまりうれしくないものです。

また、いいところを認めることも大事ですが、ダメなところも認めてあげるのも必要だと私は思います。子どもが苦手なこと、うまくできないこと。それをそのまま認めてあげるのです。そうすれば、子どもは苦手なことやダメな部分があっても、自分は親に愛されていることを感じるでしょう。

いいところばかりほめていると、何かができたり、いいところがあるから愛されているように思うようになります。それはソフトな脅迫ともいえます。

子どもは愛されるためにがんばったり、努力したり、そして無意識のうちに計算するようになるかもしれません。また、何かのアクシデントで失敗した時に、自分はもう愛されないと絶望してしまうことも考えられます。

いいところも悪いところも、できる部分もできない部分も、丸ごとがその人なのです。
「何ができてもできなくても、あなたを愛しているよ」と言ってあげられるのは、親だけなのかもしれません。

大人になってから自己肯定感を高めるというのも、成功するためのテクニックとしては何かあるのかもしれませんが、それで本当に自分自身を丸ごと愛することができるでしょうか。

自分の才能や長所を発揮するために、自己肯定感を高めるのならば、子どもの話と一緒で、才能や長所を失った時には取り返しのつかないことになってしまいます。

大前提として、あなたはとてもすごい人だと思います。

あなたが鼻から空気を吸って肺に送ることで、酸素と血液中の二酸化炭素が交換されます。その酸素の力で、体中の細胞がエネルギーを得ることができるのです。

それと同時に心臓は1分間に5リットルの血液を全身に送り出し、血液を受けた消化器は栄養を吸収して肝臓に送り、腎臓は血液中の老廃物を排泄。その一方で、大脳では外部の情報を分析し、身体を動かすための指令を出しています。

さらにミクロに見ると、血液の中では赤血球がせっせと酸素を運んでいて、白血球は外部からの敵をやっつけたり、食べたりしています。

これ以外にも、全身のさまざまな臓器と細胞が、フル稼働しているのです。

たとえあなたがソファに寝っ転がって、スマホを眺めていたとしても、体内ではものすごい勢いで臓器や細胞が働いている――これが、通常に行われているという状態が、生きているということです。どこかにちょっとした不具合やバグが発生すると、他の器官や細胞はそれをカバーしながら、なんとか通常通りにしようとします。

「生きている」という状態は、実に多くの器官や組織ががんばって動いているからこそ成り立っているもの。それをちょっとイメージすると、「自分ってよくやってるな」と思えてきませんか。

生物学者によると、生き物の最初の細胞ができたのが38億年前。すべての生き物には38億年の時間が入っているそうです。

私たち人間のこの複雑な体のしくみができるまで、38億年という歳月がかかっているわけです。

そう思うと、自分ってちょっとたいしたものだと思えませんか？

私はふざけているわけではありません。自分が「ただ生きている」ということが、実はけっこうすごいということ。時々は、それを感じてみてほしいと思うのです。

そう考えたら、自分を筆頭に、すべての生き物がすごいと思えるでしょう。その尊い命を―他人のであれ、自分のであれ―、簡単に断ってしまうことはよいこととは思えません。

自分を丸ごと認め、愛する。そして同じように他人も認め、愛すること。

自己肯定にとどまらず、さらにすべてを受け入れる――これが仏教的な生き方。

これを「慈悲《じひ》」というのです。

おわりに

私が僧侶となって、来年で五十年になります。この間多くの人びととのかけがえのない出会いがありました。しかし、今思い返すとその一つひとつを大切にし、その人の声をどれぐらい真面目に耳を傾けてきたかというと恥ずかしさがこみあげてきます。

仏教、特に浄土真宗では、「聴聞」が大切にされます。これは、第一には仏法を聞くことですが、それだけではなく、お釈迦様も親鸞様もそうであったように、苦しみ悩む人の不安の声を聴くことでもあったと思うのです。

今、私は「寺カフェ代官山」という現代の駆け込み寺（浄土真宗本願寺派　信行寺　浅野弘毅住職）で、遅ればせながらそうした声を聴いています。私が一人ひとりの不安を和らげる答えを持っているわけではありませんが、不安を抱えながらも歩むことのできる道を、仏法をもとに一緒に探しています。

一期一会、出会いを大切にしながら、いつの時代も誰しもが持つ、先が見えない闇の中を一人で突き進む不安を、少しでも軽くできればと願っています。

最後になりましたが、本書を手に取り最後までお読み頂いた読者の皆様に深く感謝申し上げます。また、本書の刊行にあたり適切なアドバイスとお力添えを頂きましたエクスナレッジの加藤紳一郎さん、有限会社ＢＯＲＩＳの片岡理恵さんには特にお世話になりましたこと深く感謝申し上げます。誠に有難うございました。

南無阿弥陀仏

二〇二〇年　暮

三浦性曉　拝

三浦性曉（みうら しょうきょう）

1955年、奈良県生まれ。龍谷大学経営学部卒業。
浄土真宗本願寺派生田山信行寺衆徒。
浄土真宗の僧侶となって50年、寺院住職23年の経験、
また、布教使として40年の全国での講演活動の
実践と学びをもとに、都市開教に取り組んでいる。
現在は「寺カフェ代官山」で、延べ1000人以上の恋愛や結婚、
人間関係、仕事の悩みに応えてきた、人生相談のプロ。
著書に『お坊さん、「女子の煩悩」どうしたら解決できますか？』
（青春出版社）がある。
テレビや雑誌、webでも活躍 。
そのやさしい語り口で女性からの人気を博する。

お坊さんが教える 不安のトリセツ

2021年1月12日　初版第1刷発行

著　者　三浦性曉
発行者　澤井聖一
発行所　株式会社エクスナレッジ
〒106-0032 東京都港区六本木7-2-26
https://www.xknowledge.co.jp/

問合先　編集 TEL.03-3403-6796
FAX.03-3403-0582
info@xknowledge.co.jp
販売 TEL.03-3403-1321
FAX.03-3403-1829